明るい公務員講座
仕事の達人 編

内閣官房参与
元復興庁事務次官
岡本全勝

はじめに

『明るい公務員講座』を読まれた方は、その内容を実践しておられるでしょう。そんなに難しいことではなかったですよね。ポイントは、次のようなものでした。

明るくやろう。あいさつと返事を忘れずに。一人で悩まない。

工程表を作る。説明は口頭より紙で。紙は1枚、結論から書く。

清く明るく美しく。身だしなみに気をつけて。

次の段階に進むために、『明るい公務員講座』その2をお届けします。中堅職員、課長昇格を目指している職員向けです。名付けて「仕事の達人編」。

経験を積み、技能を磨いて、上の職位を目指しましょう。仕事を続けていくうちに、できる職員とそうでない職員との差が出ます。どこが違うか。煎じ詰めれば、早く良い成果を出すかどうかですよね。

経験を積めば、同じ仕事を早くできるようになります。しかし、毎日その仕事を繰り返しているだけでは、「できる職員」にはなりません。技能を身につけることと、心構えが必要です。

仕事を続けていくと、難しい仕事にも出会います。良い成果を出すためには、正しい判断をしなければなりません。そのために、知識と考える力を養いましょう。解決案ができたら、上司や関係者に説明しなければなりません。考えたことを他人に伝えることは、意外と難しいのです。

さて、できる公務員になるためには、仕事ができるだけではダメです。「あの人は仕事はできるけど、人間としてはなあ」と言われるようでは、良い公務員ではありません。良き社会人であり、良き家庭人であり、良き地域住民でなければなりません。

今回も、難しいことは書いていません。この本を読もうと思ったあなたなら、実践していることが多いでしょう。やっていることだったら、自信を持ってください。まだだったら、参考にしてください。楽しくこの本を読んで、要領よく仕事をしましょう。そして、できる職員を目指しましょう。

目次

第1章

仕事の達人になろう

第1講

できる職員

能率と質を上げる

できる職員とは、早く良い成果を出す職員です。仕事を早く的確に仕上げる「能率」と、難しい仕事も適切に処理する「質」が必要です。

まず、仕事の能率を上げるためには、与えられた仕事の進捗を管理することと、あなたの労働時間を管理することが必要です。『明るい公務員講座』で、時間と仕事の管理術をお教えしました。時間の管理の方法としては、明日やることを前日に書き出すこと、来週することを前の週に書き出すことをお勧めしました。仕事の管理の方法は、工程表を作ることでした。

もう一つ、職場の人間関係も重要でしたよね。私たちは、一人で研究室にこもって作業をしているのではありません。上司や同僚と良い関係を持っておかないと、仕事は円滑には進みません。このように、仕事の能率に必要なのは、仕事の管理術、時間の管理術、協調性です。

次に、仕事の質を上げるためには、問題点を把握し、解決案を考え、適切な判断をしなければなりません。そして、自らの考えを、相手に上手に伝えなければなりません。ここで必要なのは、考える力と伝える能力です。

では、どのようにすれば、それらの能力が身につくのでしょうか。

参考になるビジネス書

書店に行くとビジネス関係の棚があり、仕事術（ビジネススキル）に関する本が所狭しと並んでいます。内容は、文書の作り方、発表の仕方、パソコンソフトの学習書など、職場で必要とされる技術です。このほかに自己啓発やビジネスマナーなどの本があり、管理職のためにはマネジメントやリーダーシップなどの本もあります。それだけの需要があるということです。職業人の多くは、自らの技能を磨きたいと考え、そのノウハウを求めているのです。職場の技能を磨く参考書には、大きく分けると、仕事術のハウツー本と、自己啓発の心構えの本があります。

私も、このような本を読んで勉強しました。職場でのマナーと仕事の仕方などは、学校では学びませんでした。就職してから、先輩のまねをするとともに、本を読みました。あなたも、関心のある分野や自信のない分野の本を手に取ってみてください。

このような本のほかに、しばしば新聞が仕事の仕方や職場での振る舞い方について、記事を載せます。ニュースというより解説です。そこには、働き方改革の具体的な取り組みといった職場での新しい動きとともに、マナーなど振る舞いの基本も書かれています。部下の悩みや上司の悩み、職場での最近の話題も取り上げます。民間企業でも役所でも、仕事場の悩みは共通です。参考になります。あなたに代わって、いろいろなことを調べてまとめてくれているのです。利用しましょう。

また、各紙が、社長など先輩の経験談を載せています。仕事や私生活で苦労して、それを乗り越えた人たちの汗と涙が載っています。これらも、仕事術とは違った勉強になります。古典に学ぶ処世術や有名人の回顧録は、そのままでは私たちの職場には適用できません。しかし、その生きざまや努力が、私たちのお手本になります。先輩たちも、苦労を乗り越えて、能力を身につけたのです。

本で学べることと学べないこと

では、これらの本を読めば、できる職員になれるか。そうではないのです。本を読むことで技術が身につき、先輩たちの苦労を学ぶことができます。それは有意義です。しかし、本を読むだけでは十分ではありません。

本はたくさん読んでいるのに、それを実行できない人がいます。後輩たちに「時間を守れ」と指導するのに、自分は遅刻の常習犯。書類整理術に関する本はたくさん読んでいるのに、机の上の書類が山積みだとか。仕事に対する姿勢も技術も、本を読むだけでなく、実践しなければなりません。

もう一つ、本を読んだだけでは、身につかないものがあります。考える力です。文書作成術、書類整理術、話す技能などは、本を読み実践することで身につきます。しかし、難しい課題で悩んだときに、どのように案を考え、どのような結論を出すか。目の前に二つの案がある場合に、どちらを選ぶのか。その検討と判断は、本を読んでもできません。有名な教えに、「虎穴に入らずんば虎児を得ず」と「君子危うきに近寄らず」の二つがあります。この二つは矛盾していますが、どちらも正しいのです。危険を承知で進むのか、安全のためにとどまるのか。そのどちらを選ぶのか。先人の成功事例や失敗談は参考になりますが、実際にそのような場面に出くわした際に、その判断はあなたがしなければなりません。

社会や仕事が変化し、技術が進化することに合わせ、ビジネススキルも変化するでしょう。ワープロや電子メールなどの普及は、仕事の仕方を大きく変えました。しかし、仕事の上達方法は変わりません。技術は先輩に学び、本を読んだり研修を受けたりすることで上達します。他方で、仕事に取り組む姿勢や考える力などは、日々の仕事を通じて養われるのです。

今の仕事に上達する

できる職員になる第一歩は、今の仕事に上達することです。目の前の仕事をうまく処理できずに、上を目指すことはできません。「この仕事は、私には向いていない。もっと別の仕事なら成果を出すのに」と言う職員がいます。そのようなことは、ありません。今の仕事が十分にできない職員は、他の仕事もこなせないでしょう。

与えられた仕事をこなす過程で、あなたの技能は向上します。しかし、漫然と仕事をしていては、技能は向上しません。どうしたら効率よく終わらせることができるか。それを考えながら、仕事に取り組みましょう。

まずは、先輩や同僚の仕事ぶりに追いつきましょう。誰でも、最初は要領よく仕上げることはできません。先輩の仕事の仕方を見て、その技術をまねましょう。分からないところは、質問して教えてもらいましょう。

先輩や同僚は、場合によっては「反面教師」にもなります。その人たちの出来の悪い部分を見て、そうならないように心掛けるのです。同僚の仕事ぶりを見て、「要領悪いなあ」と感じるようになったら、あなたはその仕事に習熟したのでしょう。

なぜ仕事が進まないか

ところで、残業までしているのに、仕事がはかどらない場合があります。

悪い例が、今日の退庁時刻を決めずに作業を続ける「だらだら残業」や、その仕事の完成日時を決めずに作業をする「だらだら作業」です。このような仕事の仕方では、目標も決めず、とにかく手を着けているということが多いでしょう。それでは、効率的な作業にはなっていません。残業をしていても、成果は上がりません。

能率を上げるコツは、段取りです。仕事の進捗を工程表で管理し、あなたの1週間の作業を日程表で管理することでした。ところが、これを実践しているつもりでも、仕事が進まない場合があります。

「やらなければならない」と分かっているのに、なぜ仕事が進まないのか。そこには、二つの場合があります。一つは、仕事が先送りされて、手を着けないままに放置される場合です。

先送りにも、幾つかの原因があります。その一つは、締め切りがまだ先だという場合です。小学生の夏休み、「宿題があるけど、まだ1カ月もある。それよりプールに行こう」と思いましたよね。直ちに着手しなくても大丈夫、その間に他のことをしようと思うからです。そして8月30日ごろになって、まだできていないことに気がついて、慌てるのです。

この場合は、締め切りを近くに持ってくればよいのです。すなわち、完成までの工程表を作ります。そして、途中の中間目標を決めます。例えば1週間ごとの目標です。この「小さな目標」に向かって、作業を進めます。マラソンの初心者は、一気に42・195キロメートルのフルマラソンに挑戦せず、まずは1キロを目指します。それができたら、次に5キロ、10キロと伸ばしていきます。それと同じように、目の前に取りあえず到達できそうな目標を立てて、順次こなしていくのです。

さらに、一人でこの工程を管理するのは、心もとないです。今週の目標が達成できなくても、「まあいいや。来週取り戻せばよいから」と、小目標を先送りする恐れがあります。それを防止する方法も準備しましょう。この工程表をほかの人にも見せて、小目標を達成したか監視してもらうのです。

気が進まない仕事

先送りする原因の二つ目は、気が進まない仕事の場合です。難しいと思われる課題や、そもそも何から着手してよいかも分からないといった課題です。夏休みの宿題を例に取れば、「自由作文を書かなければならないけど、何を書けばよいか分からない。そのうちに考えよう」です。きっかけがつかめず、手を着けないのです。

「根性を入れ直して取り組む」のも一つの方策ですが、実際にはそれができないから、先延ばしになっているのです。よって、この対策は効果がありません。

直ちに着手しようとすることはやめましょう。むやみに着手しても、間違った道を進んでいては無駄になります。そのような場合は、段取りも思い浮かばないでしょう。そこで、まず目標や成果物のイメージを持ちましょう。きちんとしたものでなく、なんとなく「こんなものかなあ」でよいのです。報告書なら、結論めいたものを箇条書きにしたり、キーワードを書き出したりしてみましょう。「そんないいかげんなものでよいのか」と思うかもしれませんが、良い結論は仕事を進めていくうちに出来上がってくるものです。それは、一流の研究者でも同じです。最初は漠然とした結論を思い浮かべ、資料を集め実験を繰り返すうちに、良い結論にたどり着くのです。

次に、結論にたどり着くまでの作業事項を書き出します。工程表ができればよいのですが、それができない場合は「誰に相談するか」「何を調べるか」など思い付くことを書き出します。作業項目が分かれば、そのうちの簡単なものから着手しましょう。

それも思い付かない場合は、成果物のイメージや必要な作業事項について、上司や先輩に相談してみます。その助言に基づいて、できそうなものから着手します。作業が一つ進んだら、その成果と次の作業について相談しましょう。すると、徐々に工程表が見えてきます。併せて、成果物の内容も固まってきます。

最初から、完璧な成果物や工程表を作ることは諦めましょう。完璧を目指すことが、第一歩を踏み出すことを妨げます。「失敗したくない」という公務員の本能が、そして真面目な職員ほど、その仕事を気の進まないものにしてしまいます。

邪魔を減らす

「やらなければならない」と分かっているのに進まないもう一つの場合は、着手はしたけれど進まない場合です。その原因は、作業に集中できないことです。

皆さんは、入学試験や採用試験を突破してきたのですから、人並み以上の集中力を持っています。そのような人が集中できないのは、それを妨げる「邪魔者」がいるからです。それを減らすことを考えましょう。仕事に集中できない理由には、「環境」「体調」「課題」によるものがあります。

環境によるものは、周りから仕事に邪魔が入ることです。私たちは、一人で仕事をしているのではないため、ある作業に集中している時に上司から問い合わせがあったり、外から電話がかかってきたりします。それを前提に、仕事をしなければなりません。また、パソコンも危険です。ばらばらと届く電子メールが作業を中断します。これを防ぐことは簡単です。集中する時間には、パソコンを閉じましょう。これについては、第2章で詳しく取り上げます。

午後より、朝の方が能率が上がります。また、朝は周囲からの邪魔が比較的少ないです。この時間帯に、難しい仕事を片付けましょう。

仕事に集中できない理由の二つ目は、体調や悩み事です。疲れや睡眠不足、二日酔いです。家庭に問題を抱えているような場合も、仕事に集中できません。これは、難しいこととは思いますが、そういった事態にならないように心掛けましょう。

つまみ食いはいけない

集中できない理由の三つ目に、取り組んでいる課題が難しい場合があります。良い案が浮かばない場合や、分量が多くてなかなか終わらない作業です。集中力が持続せず、気が散ってしまいます。

職場では同時に複数の課題を処理していますから、こうなると別の課題に手を出すことになります。ところが、複数の仕事に少しずつ取り組んでいても、はかどらないことが多いです。つまみ食いは、通して見ると効率が悪いのです。コンピューターは並行処理や瞬時の切り替えができますが、私たちの頭はそうはなっていません。

複数の課題を効率よく片付けるためには、「時間割」を作ることが必要になります。小学校の授業のように、ある課題に一定の時間を割り当て、別の課題には別の時間帯を割り当てます。ノートに、明日の時間割、来週の時間割を書き出しましょう。

この時間割には、1日が終わったら、その日にできたことを書き込みます。前日書いた作業が終わったら、「よっしゃー」と声を出して、赤ペンでその事項に勢いよく線（×印）を引いて、達成感に浸りましょう。

このようにして、仕事を早く片付けること、難しい仕事を先送りしないことで、あなたはできる職員になります。

第1講の教訓

□できる職員とは、仕事を早く片付け、良い成果を出す職員です。能率を上げるためには、仕事の管理術、時間の管理術、協調性が必要です。

□ビジネススキルは、先輩を見習うとともに、ビジネス書を活用しましょう。心構えは、自己啓発書や先輩たちの経験談が参考になります。

□今の仕事に上達しましょう。そして、効率よくできるように工夫しましょう。

□仕事が先送りされないように、締め切りがまだ先の場合は工程表を作り、小さな目標に区分けします。気が進まない仕事の場合は、成果物のイメージを持ち、そこに至るまでの作業事項を書き出しましょう。そして上司や同僚に相談しましょう。

第2講

第一人者になろう

あなたは仕事に慣れ、同僚や前任者に追いつきました。能力の差は、実はここから広がります。

「できる職員」というと、難問をかっこよく片付ける職員を想像する人もいるでしょう。しかし、そのような場面は、そうそう出てはきません。また一足飛びに、そのような能力は身につきません。まずは、今取り組んでいる仕事の仕方を改善することや、新しい問題から逃げずに取り組むことです。そうすることによって、あなたはその仕事の第一人者になることができるでしょう。

おかしいと思う目

あなたが出会う仕事には、「前例通りに済ませばよい仕事」「応用動作が必要な仕事」「初めての仕事」があります。それぞれの場合に分けて、説明します。

まず、前例通りにできる仕事についてです。同じ仕事を処理していても、何も疑問を持たずに前例通りに終える人と、変だなと疑問を持って考える人とが生まれます。

役所には、「前例通りに前回通り、去年通りに今まで通り」という、魔法の言葉があります。この呪文を唱えると、何も悩まなくても仕事が片付くのです。しかし去年と同じ仕事でも、よく考えると無駄なことや、もっと簡単にできる方法もあります。

いつも疑問を持って、「本当にこれでよいのか」を考えてみてください。一つは、あなたのやっている仕事が、住民のためになっているかです。もう一つは、もっと効率的にできないかです。判断基準は簡単です。住民に、「私はあなたの納めた税金で、こんな仕事をしているのです」と、説明できるかどうかです。

今の仕事に没頭するのは良いことです。しかし、目の前のことだけに気を取られていてはいけません。あなたの仕事の仕方が、本当に効率的なのかは、その仕事に漬かっているだけでは分からないのです。周囲の人はどう見ているのか、住民はどう見ているのか。それを確かめる必要があります。

少し離れて、自分の仕事を見てみましょう。すると違った風景が見えてきます。井の中の蛙と、岡目八目の違いです。あなたも、他人の仕事なら、おかしいところがよく目に付くでしょう。

評論家で終わるな

今取り組んでいる仕事に疑問を持つ、そして問題点を見つける。重要なのは、ここからです。批判だけで終わるのか、改善案を考えるかです。

頭が良くて、的確な批判をする人がいます。それだけでは困ります。野球評論家は、自分では打席に立たず、選手の打撃をあれこれ批評します。しかし、私たちは評論家でもなければ、観客でもありません。現役のプレーヤーです。自分の仕事を他人事のように批評するのではなく、おかしかったら改善してください。代案を出さない批判は、建設的ではありません。

この過程を分解すると、次のようになります。

第一段階＝変だと思う→問題点を見つける→批判する
第二段階＝批判に基づき良い方向や姿を考える→解決策を考える→代案を出す
第三段階＝代案の実現方法を考える→同意を取り付ける→実行し実現する

もちろん、その分野の行政に責任を持つのは、課長であり部長です。まだその職位に達していないあなたは、課題を見つけ上司に報告することが任務です。そして解決策を考えることができるのなら、問題点とともに案を提案してみましょう。

第一段階で終わっていてはいけません。第二段階を考えてください。ここで、他の職員との差がつき始めます。

逃げてはいけない

仕事では、前例通りにはいかず応用動作が必要な案件や、これまでにない初めての案件も出てきます。そのような場合に重要なこと、それは逃げないことです。

人間は誰だって、楽をしたいでしょう。しかし組織としては、誰かがそれを処理しなければなりません。みんなが引き受けたがらない仕事を引き受ける。そうすることで、あなたは経験を積むことができ、評価も高まります。良い機会だと、神様に感謝してもよいくらいです。

議会答弁案作成の割り振りで、どの課が答弁案を書くか、もめたことはありませんか。議員から質問通告が出て、所管課がはっきりしている場合は、その課に割り振られます。問題になるのは、複数の課にまたがるものや、これまでにない質問で所管課がはっきりしない場合です。お互いに「うちの仕事じゃない」と譲り合うのです。

私が自治省財政局交付税課で、課長補佐をしていた時のことです。毎晩たくさんの国会質問が出ます。ある問いは、局内の幾つかの課にまたがるものでした。課長補佐同士で譲り合っていたら、財政局長が部屋から出て来られて一言。「どこの課でもいいから、私が答弁しやすい答えを、早く書ける課が作ってくればいいのだ」と。そうです。国会で答弁する局長から見ると、部下の補佐たちがもめているのは無駄でしかありません。「そうか」と気づいて、私が書くことにしました。

答弁案作成を拒否して、「勝った」と言う職員がいます。引き受けて、「負けた」と言う職員もいます。いえ、負けたのは逃げた職員です。上司も神様も、誰が引き受け誰が逃げたかを見ています。

初めての案件で、難しいこともあります。なーに、心配することはありません。誰だって、初めての場合は苦労するものです。しかし、あなたが積極的に取り組んだら、答え（中間報告）が少々おかしくても、上司は許してくれます。その課題から逃げた職員に比べ、逃げないあなたは、上司にとって「かわいい部下」です。助けてくれるはずです。

逃げずに取り組んだ場合、たとえうまくいかなくても、三つの得点＝特典がありま す。一つ目は、あなたにとって、新しい分野についての勉強になります。二つ目に、初めてのことに挑戦することが怖くなくなります。三つ目に、上司から良い評価をもらえます。

課題を見つける

役所の仕事には、2種類のものがあります。一つは、法令に決められたことを、その通りに執行することです。もう一つは、法令に書かれていないことを考え、解決することです。

戸籍の受け付けや生活保護の認定は、前者です。この仕事の基本は、決められた通りにすることです。A市とB市とで、戸籍の記載項目が違っては困ります。しかし、これらの仕事でも、より効率的に処理できるように工夫はできます。

一方、新しく出てきた問題への解決策を、考えなければならない場合があります。従来のやり方ではうまく進まない仕事の改善案や、住民からの苦情への対処などを考えることは、後者です。上司や住民から与えられた課題に対し、どれだけの知恵が出せるか。そこで、あなたの実力を発揮できます。

これまで通りでは処理できない案件の場合に、どのように取り組んだらよいか。それは、『明るい公務員講座』でお教えしました。

参考になる事例を探し、先輩や上司に聞いて回ります。職場に良い参考事例がない場合は、他の自治体に聞きに行くか、分野は違っても参考になるものがないか探しましょう。この場合、参考になりそうな事例を幅広く探す手掛かりや、相談に行けば助言をしてくれる人を知っていることが、良い解決への近道です。

もう一つ上の場面もあります。それは、隠れている課題そのものを見つけることです。上司から与えられた課題ではなく、あなたが日々の執務の中で気が付いた問題です。それは、地域で出てきた課題であったり、やっている仕事の進め方への疑問などです。そこで見えてきた問題に取り組むのか、見ないふりをして逃げるのか。あなたの姿勢が問われます。

上司が部下に期待していることは、与えた仕事をうまく処理すること、そして問題点を見つけ解決案を考えること、さらにこれまでにない課題に積極的に取り組むことです。それに応えることで、あなたの評価が高まります。

こうした仕事ぶりを続けると、同僚や上司があなたを頼るようになります。困ったときや新しい問題が出たときに、周りの人があなたに相談に来るのです。あなたは、その分野での第一人者になったのです。すると、同僚より難しい仕事が増えます。それが、評価と信頼を得た証しです。

課長の目で考える

いつもの仕事を早く上手に片付ける。今取り組んでいる仕事の問題点を見つけ改善する。難しい仕事を引き受ける。どのようにしたら、そのことに気がつくか。それは、上司の立場に立って考えることです。

一職員の立場で考えると、前例通りにしておけば楽ですし、嫌な仕事からは逃げた方が楽です。しかし、課長の立場に立つと、違ったものが見えてきます。どのようにしたら、課内の仕事を効率的にできるか。誰かが引き受けなければならない仕事を、誰に任せるか。そう考えれば、できる職員、良い職員とはどんな職員かが分かります。頭が良くて的確な指摘はするけれど、自分ではやっかいな仕事は引き受けない。そのような職員は、決して「できる職員」ではありません。

仕事をしていくうちに、どのような職員が上司から高く評価されるか、見えてくるはずです。そのためには、普段から上司の立場に立って、どのような職員が良い職員か考えてみましょう。そして、そういう職員になるよう実行するのです。

第2講の教訓

□ 初めての仕事や難しい仕事から、逃げてはいけません。

□ 仕事を改善すること、課題を見つけ解決案を考えることで、あなたの力量が上がり、評価も高まります。評論家になってはいけません。

□ 上司の立場に立って考えると、どのような職員が良い職員かが分かります。それを意識して仕事をしましょう。

第3講

後輩を育てる

あなたが経験を積むと、後輩を指導したり、部下を使うことになります。彼らにきちんと仕事をさせ、さらに彼らを育てなければなりません。後輩を育てること、初心者でも仕事がうまく進むようにすることも、できる職員の役割です。

優越感に浸っていてはダメ

あなたの職場に、後輩が配属されます。また、職位が上がると、部下を持つことになります。駆け出しの頃は、与えられた仕事を処理していればよかったものが、周りの職員の仕事ぶりにも目を配らなければならなくなります。それはまた、課長になるための訓練です。自分の仕事を片付けるだけでなく、人を動かすことを学ばなければなりません。

あなたは、同僚との競争を続けてきました。実力を付けて、競争に勝つことは素晴らしいことです。しかし、競争に勝って部下を使う立場になると、他人へのまなざしを変えなければなりません。自分より仕事で劣る同僚を見て、「出来が悪いなあ」と優越感に浸っていてはいけないのです。その彼や彼女を動かし、仕事を処理させなければなりません。さらに、彼や彼女の能力を向上させて、組織を支えてもらわなければなりません。

陸上競技の長距離走を考えてください。あなたが勝てば、「私の方が速い」と自慢してよいでしょう。しかし、駅伝ならどうでしょう。同僚が良い走りをしてくれないと、あなた一人が頑張っても、チームは勝てません。「あいつは遅い」と批判していてはダメです。速くない同僚を指導し、全体の力を引き上げなければなりません。職場は個人競技ではなく、団体戦です。そして、あなたは選手であるとともに、コーチでもあるのです。

後輩を育てる

あなたができる職員になったら、後輩を育てることにも力を入れましょう。後輩を見て「こいつは何も分かっていないなあ」と思ったら、あなたがそれだけ進歩したということです。あなたも新人の時は、その程度だったのです。ぼやかずに、優しく教えてあげましょう。すると、あなたの評判が上がりますよ。

悩んでいる職員の相談に乗り、一人で抱えて悩んでいないか見てあげましょう。あなたが新人だった時、相談に乗ってくれる先輩は頼りになったでしょう。今度は、あなたが相談に乗る番です。そのためには、相談しやすい雰囲気を作ることが必要です。新人は、何が分からないかで悩んでいる場合もあります。あなたに、何を聞いてよいかも分からないのです。

新人が育つことで、あなたも楽になります。職場全体の能力が上がることにもなります。また、後輩を指導することは、あなたの能力を磨くことにもなります。あなたが課長になったときに、必ず役に立ちます。

引き継ぎ書の重要性

職場に配属された新人に、執務要領（事務処理要領、マニュアル）を使って仕事を教えます。また、次の職場に異動することが決まると、引き継ぎ書を作ります。この執務要領や引き継ぎ書に、あなたの力量が表れます。良い引き継ぎ書を作ることができるのは、できる職員です。

あなたには、次のような経験はありませんか。

職場を異動して新しい席に着き、前任者から引き継ぎを受けます。前任者は、簡単な引き継ぎ書と、書棚やパソコンに保管されている書類について説明してくれます。そして、「後は、あんたが好きなようにやってよいから。頑張ってね」と言って、転出していきます。あなたはこの仕事は初めてで、この職場だって来たばかりで緊張しています。一気にいろんなことを教えられても、いえ、いろんなことを教えられたからこそ、頭の中には何も残りません。まず何から手を着けてよいのか、何が急ぎの案件なのかも分かりません。しばらくして書類を広げますが、他人が作った資料は、読んでも分かりません。前任者に聞こうと思っても、彼は転出した後です。

定型的な業務なら執務要領があり、それに従って行えば済むでしょう。しかし、そのような職場ばかりではありません。そして、あなたが経験を重ねるにつれ、定型的ではない仕事が増えてきます。

私は若い頃は、県庁や自治省で、もっぱら財政を担当していました。この仕事は、毎年しなければならないことは変わりません。作業の時期も決まっています。資料もきちんと整理保管されています。それでも、苦労することがありました。

何年間かその仕事を続けた前任者には当たり前のことでも、初めての私には分からないことだらけです。例えば、地方交付税の算定には、さまざまな数値を使います。前年の資料を見ると、算定過程は書かれています。しかし、そこに鉛筆で書き込まれた数字を、各省のどの統計から引っ張ってきたのか。前任者にとっては簡単なことであり、書いておくまでもないことだったのでしょうが、初心者の私には分かりません。

『明るい公務員講座』で、「あなたが悩んで解決したことは、手帳に書き残しましょう」とお教えしました。そのつど書き残した大事な「解法」を、引き継ぐ資料に書いておいてください。これが、組織の力になります。それは、個別の案件の資料に書き込んでおくこともあるでしょうし、引き継ぎ書に書いた方がよい場合もあります。

組織の力を向上させる引き継ぎ書

どの職場でも、引き継ぎ書は作られているでしょう。私が課長補佐の時は、部下職員の引き継ぎ書に目を通し、足りない点を指摘して、書き加えてもらいました。私が求めたのは、次のような項目です。

①年間の仕事の計画。定型業務と重要課題の一覧表と、それぞれの工程表。
②年間の忙しさの程度。いつ忙しく、いつ年休が取りやすいかが分かるもの。
③近年問題になった事案の経緯や、近年行った制度改正と検討したけれど成功しなかった事項の一覧。
④県議会（国会）答弁や、外部（マスコミや各種団体など）からの質問と回答の綴

り（これは共有文書として保管されていることが多いでしょう）。
⑤お世話になっている外部の人や、難しい関係になっている人の一覧と、その人との関係（名刺の束を後任者に渡すだけではダメです）。
⑥執務の参考になる文献や資料の一覧。

引き継ぎ書についても、組織ごとに作成方法が決められているでしょう。でも、あなたが作る際にあるいは加筆する際に、見直してみましょう。私は、後任者が苦労しないために、次のような要素が重要だと考えています。

第一に、年間の業務の予定と、当面の仕事の予定です。この重要性は、お分かりですよね。仕事は工程表によって、そして関係者が進捗状況を共有することで管理するのです。

第二に、この席はこれまでどのようなことをしてきたか、そして将来に向けてどのように変えなければいけないかです。これは、少し説明が必要でしょう。新しい課題が出てきたとき、また新しい事業を考える際に、あなたの組織やその業務はどちらに向かって進んでいるかを確かめた上で、判断する必要があります。

過去に同じようなことが起きていたなら、それを参考にすべきです。うまくいった事例や成立した新規事業は、記録に残ります。しかし、検討したものの実らなかった案は、記録に残らないのです。あなたが良い案を考えても、前任者が挑戦して失敗していたのなら、その検討は無駄になります。前任者はどの点がうまくいかなかったのか。それが書き残されていたら、そこから検討を進めることができます。

第三に、外部の人や組織との関係です。こちらの担当者が交代したのは、役所の都合です。相手との関係がこじれていて、長期間にわたって交渉が続いているような場合を考えてください。そのような人に向かって、「初めまして。ところでどのようなご用件ですか」なんて切り出すと、相手はさらにカッカしますよ。

執務要領を改良する

近年は、役所でも執務要領が作られるようになりました。かつては、そのようなものがなく、「先輩や周りの人の仕事を見て覚えよ」ということも多かったのです。

アメリカ流を持ち込んだファストフード店やコンビニエンスストアなどは、マニュアルを読んでその通りにやれば、アルバイトの学生にでも勤まるようにできています。この合理性が理解されるとともに、人手不足もあって、日本の職場でもマニュアル化は進んでいます。

これは、定型的な仕事によく当てはまります。しかし、役所においても、まだまだ執務要領に書き残せることは多いようです。往々にして、職場では長くその課にいる人が重宝されます。「生き字引」と呼ばれる人です。過去のことをよく知っているからです。しかし、このような人がいなくなったら、どうなるのでしょうか。「全員新人で新しくスタート」と言えばかっこよいですが、そのような職員に対応される住民からすると、たまったものではありません。

「私も苦労して体で覚えたんだから、あんたも体で覚えなさい」なんて、高校の運動部のようなことを言わずに、「私はこういうことで苦労したけど、あなたはこれを見てやってね」と引き継ぎましょう。

なーに、そんなに難しいことではありません。あなたが苦労して解決したことを、ノートに書いておき、半年に一度、整理しておけばよいのです。そうしておけば、いつ異動の内示が来ても慌てません。だいたい、異動の時期や内示が来たら、自分の行き先のことが心配で、後任者への引き継ぎ書を作ることになんか、身が入りませんよね。

2点付け加えます。一つは、引き継ぎ書を作る際に、途中で自分の手を離れたり、立ち消えになった案件も、その旨を書き加えておいてください。これは、後任者にとって貴重な情報になります。

もう一つは、基本になる部分は、印刷して後任者に渡してください。近年は引き継ぎ書は、電子文書の形で作られることが多いでしょう。しかし、一覧性のある紙文書の方が、まだ職務の全体が見通せていないときには重宝します。

第3講の教訓

□後輩の相談に乗り、後輩を育てましょう。

□後任者が困らない引き継ぎ書を作りましょう。体で覚えるのではなく、読めば分かるのが良い執務要領です。

□あなたが悩んで解決したことを、ノートに書いておきます。それを、執務要領に書き加えましょう。

第2章

無駄をなくす
スマート仕事術

第4講

会議に時間を取られない

有能な職員たちが長時間働いていながら、成果が上がらない。それは、不要なことに時間をかけているからです。職場の無駄には、2種類のものがあります。一つは職員個人個人がやっている無駄です。もう一つは、各職員はよくやっているのに、全体では効率が上がっていない無駄です。

仕事の改革に取り組んでいる企業に聞くと、共通して次の三つを無駄の代表として挙げます。会議、資料作り、パソコンです。皆さんも、感じておられるでしょう。第2章では、これら三つの無駄をなくす方法をお教えします。

何のための会議か

職場での無駄の第一は、会議です。会議は仕事の敵であることと、正しい会議の開き方については、『明るい公務員講座』で書きました。ここでは、さらに掘り下げて解説します。

まず、その会議は必要かを、なぜ会議を開くのかにさかのぼって考えてみます。

行政組織には、独任制と合議制があります。簡単に言うと、一人で決めるか、数人で集まって決めるかの違いです。市長や課長が独任制です。仕事を部下に分担させますが、決定はそれぞれの所属長が行い、責任も長が取ります。他方、合議制は会議や審議会です。みんなで議論して、合議体として決めたという形を取ります。まとまらないときは、採決します。

独任制にしろ合議制にしろ、役所内での権限を分け与えられている組織である以上、決定と責任が伴います。「早く」「正しい」結論を出せばよいのです。ただし、議会のように、議員が発言し議事録を残す過程そのものが重要な会議もあります。不服審査など、デュー・プロセス（適正な手続きの保障）の一環として開かれる合議体もあります。それらと、ここで述べる庁内の会議とは区別しましょう。

職場の会議には、合議制によって意思決定をする会議のほかに、意見交換や情報交換など意思決定を目的としない会議があります。ここでは、「無駄な会議」という観点から、この二つに分けて話を進めます。

合議制の会議は、意思決定をしなければならないのですから、問題意識と関係情報を共有して会議を開くことが効率的です。事前調整（根回し）をしておくことが通常でしょう。議題が大問題で事前に調整がつかないものや、事前調整できない緊急時でないなら、しゃんしゃんと終わるのが良い会議です。

問題なのは、意見や情報を交換すると称して、漫然と集まる会議です。この議題で会議を開く必要があるのか、あるいは何のために集まったか分からないと思う会議は、このような会議でしょう。この無駄をなくすには、「何のための会議か」を明確にすることです。意思決定か、伝達か、それとも意見交換か。それをはっきりさせてください。そして、議事次第にそれを明示しなさいと、教えましたよね。そうすることによって、必要でないと判断した人は出席しないでしょうし、会議も円滑に進むでしょう。そして、次に述べるように、開催が必要かどうかも判断できます。

会議を開かない

無駄な会議を減らすコツの第一は、ずばり、会議を開かないことです。

あなたが担当者なら、会議の目的を考えて、開く必要があるのかを検討してください。また必要があるとしても、誰を集めて何時間かけるのかを判断してください。役所の悪い点は、担当職員が前例通りに開催案を作り、課長がそのまま承認することです。日ごろ、会議は無駄が多いと思っていながら、「これまでもやっているから」というような会議を続けているようでは、あなたは無能な職員です。

「取りあえず関係者に集まってもらって、意見を聞こう」などというのは、あなたの責任逃れです。あなたと課長が決めればよい内容なら、会議を開かずにあなたが案を作り課長の責任で決めましょう。もちろん、関係者の意見を聞く必要がある場合もあるでしょう。その場合も、誰にどのように相談するかを考えましょう。個別に会って相談する、あるいは電子メールで意見を聞くこともあるでしょう。いかに効率よく関係者から情報を集め、また納得させるか。そこで、あなたの力量が試されます。会議の形でそれを行うのは、関係者に時間を使わせることになります。やめましょう。

あなたが「この会議は無駄だ」と思ったなら、課長に進言しましょう。「課長。この会議はやめて、お知らせで済ませましょうよ」と。課長が心配そうだったら、「私が事前に、AさんとBさんに説明しておきます。課長は、Cさんに了解を取ってください。他にどなたかいますかねえ？」と言って安心させましょう。あなたが課長なら、もちろん「やめよう」と指示しましょう。

参加者を絞る

参加者を絞ることも重要です。その会議が決定のためなら、そんなに多く一堂に会さねばならない関係者はいないでしょう。そして事前説明ができていれば、意見を言ってもらう必要はないのですから、同意の確認をすればよいのです。

これに対し、みんなから意見を聞いたり、みんなで意見を交換したりする場合は要注意です。10人の参加者が、1人3分間ずつ発言すると30分かかります。二巡すると1時間です。しかも、3分間では内容があることは言えず、そして残りの時間は他人の発言を聞いていなければなりません。他人の意見に賛成や反対の意見表明をしたら、あっという間に時間がたちます。また、大勢の前では、なかなか本音が言えないものです。参加者が多いほど、発言しにくくなります。「三人寄れば文殊の知恵」と言いますが、10人集まれば無責任になることもあります。

出席者の後ろに、お付きの職員がたくさん控えていることがあります。出席者の無能さを表わしているようで、みっともないです。

時間を限定する

「なんで、こんなに時間をかけるの」と思う会議があるでしょう。これも、会議の目的をはっきりさせていないことから起こることです。

まず、開始時刻と共に終了時刻を決めましょう。それを、開催要領に明記します。終わりの時間が明示されていれば、参加者もそれまでに終わらせようとするでしょう。まだ話し足りない人がいれば、ひとまず会議を閉じて、時間に余裕のある人にだけ残ってもらいましょう。忙しい人は、終了予定時刻で退席します。

忙しい市長や部長を会議で拘束するなら、30分が限度でしょう。15分だと、喜んでもらえますよ。長くても、45分で終わりましょう。

事前に調整した意思決定の会議や、すでに決定した事項の伝達の会議なら、そんなに時間はかからないでしょう。主催者が配付資料を基に「異議はないでしょうか」とか「質問はありますか」と聞けば、すぐに「なし」と答えが返ってくるようにしましょう。このようにすると「初めから筋書きがあるようで、後ろめたい」と思う人がいるようですが、そんなことはありません。会議は、もめるためにあるのではありません。結論を出して早く終わるのが、良い会議です。

議事が予定より早く進行した場合は、終了予定時刻前でも終わりましょう。「時間も余っていますので、せっかくの機会ですから自由に発言をお願いします」なんて、余計な配慮はしないでください。自由な議論が必要なら、別途に場を設けてください。

意思決定をする会議でなく、意見交換の場合が要注意です。先に述べたように、1人3分ずつでも、10人が発言すると時間がかかります。また、長広舌を振るう人が1人や2人は出てきます。10人の意見を聞くなら、個別に聞けばよいのです。そして、それらの意見を集約して文書にして、10人に再確認すればよいのです。しかも、10人に同じように時間を費やす必要はありません。良い意見を出してくれる人と、言いたいことがある人にだけ時間をかけましょう。会議で発言してもらうより、直接意見を聞きに行く方が、あなたの評価が上がりますよ。

意見が出る会議

私も、会議をすべて否定するわけではありません。意思決定の会議は必要です。また、皆さんの職場で毎週月曜日に行っているような、課内の打ち合わせも必要です。

しかし役所の会議で、活発に意見が出たり、議論が紛糾したりするような会議には、まずお目に掛かりません。その理由の一つは、役所では所掌事務が明確ですから、他人の案件に意見を言うのは、自分の所管事務にかかわる場合に限定されるのが普通だからです。多くの人は、所管外のことは意見があっても黙っています。意見交換にならないのです。

もう一つは、これまでの日本社会の集団主義は、そのような場では黙っていることを良しとしたからです。「みんなで集まって決めました」というのを善とするのは、コンセンサス重視型の仕事の仕方です。しかし、実は参加者も納得していないことが多いのです。後で「実は……だったんだけど、あの場では言えないよな」という経験は、あなたにもあるでしょう。

議論が活発に交わされる会議は、意味があります。良い会議かどうかの違いは、「それは違うんじゃない」という発言が出るかどうかです。

意見が出て活発であっても、無駄な会議もあります。特定の人が自説をとうとうと述べる場合や、会議の目的からそれてあらぬ方向に議論が発展し、盛り上がる場合です。これを防ぐためには、議長がその場を管理しなければなりません。なるべく多くの人に言いたいことを言わせつつ、脱線しないように導くことです。

そして最後に、出た意見を整理し、次に行うべきことを示します。議論で明確になった方向に向かって、誰が何をするのか。次回はいつ集まり何をするのかなどを示します。これができれば、良い会議です。できなかったら、悪い会議です。

結論をまとめる

その会議が意味があったものかどうかは、会議結果を見れば分かります。会議結果とは、その会議の結果を1枚の紙にまとめたものです。何が決まったかです。会議録や議事概要も作られるのですが、出来上がるまでに時間がかかります。それより、会議終了後直ちに結果を1枚にまとめてほしいのです。

後ろに座っている職員たちが、一生懸命メモを取っています。このメモ取りを禁止してください。議論に参加せず黙々とメモを取る。それは「人間ワープロ」です。時間と労力の無駄でしかありません。各人が残すメモは、それぞれの立場の人が自らの関心に沿って書いていますから、客観的ではありません。公式な記録としては使えないのです。それが独り歩きして、問題を起こす場合もあります。

それよりも、会議の終わりに、主催者が「今日決まったこと」を参加者に確認し、できれば会議の中で、遅くともその日のうちまたは翌日に、会議結果を関係者に配ることが重要です。それによって、関係者は次の作業に入れるのです。議事概要と会議録も、主催者が責任を持って作成する、そして公表して保管するべきものです。

会議は、開くことが目的ではありません。何かを決める、伝達する、意思統一をする、意見を出し合うなどの目的があるはずです。その結果を1枚の紙にまとめられないようでは、無駄な会議だったのでしょう。議長は、シナリオ通りに会議を進めていればよいのですが、この確認の時には力量が問われます。

会議準備の無駄

以上が、無駄な会議を減らす方法です。会議には、このような「無駄な会議」のほかに、「会議の無駄」があります。それは、会議の準備のために、必要以上の労力が費やされることです。

その一つは、資料作りに時間を取られることです。会議に向けて連日、資料作りに精を出します。関係者から意見が出て、そのたびに資料に加筆され、たくさんの資料（の作成途上のもの）が積み上がります。職員が膨大な作業をさせられます。職員にとって、会議が目的なのか、会議資料を作ることが目的なのか、分からなくなります。会議を開くことがゴールになって、会議が終わると職員たちはそこで「倒れて」しまいます。会議の結論を書いて残すことまで、力が及ばないのです。

メンバーがそろう日時を調整するのに、時間がかかることもあります。参加者が増えるほど、難しくなります。その場合は、全員がそろうことを諦めましょう。主要な参加者の都合に合わせて開催日時を決め、他の人にはその時間に合わせてもらいます。

どうしてもダメなときは、代理者に出席してもらうしかありません。

対応策は、あらかじめ会議の開催日と時間を定例化しておくことです。関係者に、「その時間になればその場所に集まるものだ」「集まれないのは、その人の日程管理が悪い。あるいは、他にもっと重要な仕事があるのだから仕方ない」と認識してもらうのです。忙しい人に集まってもらうには、これしかありません。

第4講の教訓

- □ 職場の三大無駄は、会議、資料作り、パソコンです。
- □ 無駄な会議を減らすために、会議の目的をはっきりさせましょう。
- □ 参加者を絞りましょう。時間を限定し、終わる時刻を設定しておきます。
- □ 会議で何が決まったかを、主催者が会議結果を1枚の紙にまとめ、配ります。
- □ 会議のための資料作りに、無駄な労力を費やさないようにしましょう。

第5講

時間をかけない資料作り

会議に続く職場の無駄は、資料作りです。役所では資料作りは重要な作業ですが、必要以上の労力をかけることが無駄なのです。

定例的な資料なら、決められた様式あるいは前例に沿って、作ることができます。力を入れなければならないのは、新しい事案の報告や企画案の説明資料でしょう。

あなたの案を上司に理解してもらうためには、良い資料を作る必要があります。ところが、良い資料を作ろうとするあまり、不必要な労力をかけてしまうのです。それも、案の内容を考えることに時間をかけるのではなく、見た目を整えるのに時間をかけているのです。

パソコンの落とし穴

職員が資料作りに時間をかけ過ぎるようになったのは、パソコンのせいです。

私が役所に入った頃は、資料は手書きでした。対外的に形式が必要なもの（公式な文書）は、庁内のタイピストに頼んで浄書してもらっていました。当時の文書管理規則では、公式の文書は和文タイプライターで作成することになっていました。配布が必要な文書は、印刷室に頼んで印刷してもらいました。文書課に、和文タイプライターを打つ職員や、資料を印刷する専門職員がいました。大量の部数が必要な資料などは、印刷会社に外注しました。

和文タイプといっても、見たことがないと分からないでしょうね。アルファベットの大文字と小文字でほぼ表せる英文と違い、日本語は平仮名とカタカナのほかに漢字を使います。1000文字から2000文字もの活字が入っている盆から、必要な活字を拾うのです。専門家でないと使えず、また時間もかかりました。

やがてワードプロセッサー（ワープロ）が導入され、さらにパソコンが普及して、職員一人ひとりが活字の文書を作成できるようになりました。文書課に頼まなくてもまた業者に発注しなくても、職員が簡単にきれいな文書を作成することができるようになったのです。

ここに落とし穴があったのです。手書きの書類なら、罫紙に引かれた線に沿って、字の上手下手の違いはあっても、サッサと書きました。ところが、きれいな活字で打ち出すことができるようになり、体裁を考えるようになりました。また印刷する場合は専門家に任せていた文書のレイアウト（割付）も、職員ができるようになりました。活字の大きさと書体などを、自分で選べるようになったのです。

私もそうでしたが、それは楽しいものでした。ゴシック体にするか明朝体にするか。表題は地の文より活字を大きくしよう、16ポイントにするかなどといろいろ試したものです。しかし、それにかかずらっていると、時間がかかります。文書の内容でなく、体裁に時間をかけるようになったのです。

パソコンが招く労働強化

パソコンが全職員に配備されたのは、21世紀に入ってからです。官庁では、庁内業務をスリム化しようと、民間委託を進めました。庁舎の警備業務や会議録の速記起こしなど、外注した方が効率的な業務を次々と外部委託に出しました。ところが、文書作成は、外注していたものを、逆に内部に取り込んでしまったのです。作業を分担したのは、タイピストのような専門職でなく、全職員が引き受けたのです。これによって、職員の労働時間は増えたはずです。

また、文書課に浄書を頼んだり、印刷業者に外注したりしていた頃は、それに必要な時間を計算して、最終稿を作る必要がありました。パソコンが配備されたおかげで、職場で職員が修正できるようになり、いつでも加筆できるようになりました。配布の直前まで、直すことができます。これが、職員の残業を増やしたのです。

パソコンの導入は仕事の効率化のためだったのに、文書作成に関しては労働強化を招いたのです。

書式を決めておく

ワープロによる文書作成は、体裁に凝るといっても文字だけですから、工夫の範囲は限られています。活字の大きさと書体、1枚に入れる行数と1行の文字数などです。それでも、工夫したがる職員がいます。12ポイントにしようか、13ポイントにしようか。1枚に何行にしようかなどです。決め手はないので、いつまでも悩むことができます。そのような無駄をさせないためには、基本的な書式を決めておくことです。

霞が関の各省では、総理大臣や各大臣の国会答弁や記者会見の際の手持ちの資料は、あらかじめ書式を決めてあります。問いの位置、作成責任者の連絡先の書き方といった配置と、活字の大きさと書体、行数などです。大臣によって好みがありますから、大臣と相談して決めて、庁内に知らせておきます。これによって、どの職員が作っても、総理大臣や大臣の手元にある資料は、同じ書式になっています。

政府では、他にも法令案や閣議決定案などは、書式が統一されています。もっと他の書類も統一すべきです。文書の体裁を考えなくてもよくなりますから。

パワーポイントを使わない

ワープロに比べ、パワーポイントは、さらにいけません。庁内の資料作成に、パワーポイントが不向きな理由は二つあります。

一つは、説明資料として不適だからです。パワーポイントは、絵や図を載せるのには便利です。しかし、それは政策の策定過程での説明資料としては、失格なのです。

上司や関係者への説明資料は、ある課題について何が問題でどのように対応するか、あなたの案を示すものです。まず主文を書き、その後に理由、比較検討の結果などを書き、必要なら経緯を書きます。しかし、結論と理由は、絵や図では示しにくいのです。私が部下に命じる「まずは結論を書け。それも3行で」「その後に必要なことを箇条書きで」は、文章でなければなりません。絵や図を作るためのパワーポイントは、この要求にまったく向いていないのです。

パワーポイントで作成された資料には、矢印が多用されます。しかし、その矢印の先が原因なのか、結果なのか、時間の経過なのか、単に関係することなのかが、あいまいなのです。作ったあなたは分かっていても、読む方は正確な理解ができません。通常、パワーポイントでの発表は、作成者による言葉の説明が伴います。パワーポイントは、スライド作成ソフトであって、言葉による説明の補助道具なのです。

また多くの場合、パワーポイントで何ページもの資料を作ります。そしてそれに沿って説明するので、説明時間が長引きます。これは、「資料は1枚」という原則に反しています。

欠点のもう一つは、作成に時間がかかり過ぎることです。文字を工夫するワープロに比べて、はるかにさまざまな工夫ができます。図表の配置、色彩、矢印の形などを変えたりして、見た目にこだわることができます。さらには吹き出しを入れたりして、遊び心をくすぐります。しかし、それには時間がかかります。ついつい時間が経つのを忘れて、作業に没頭してしまいます。

上司や庁内への説明は、速さと明確さが必要です。資料作りに時間をかけず、早く報告してください。社内資料を作る際に、パワーポイントを禁止している会社もあります。

庁内説明資料と住民広報資料は別

あなたが作る資料を、2種類に分けましょう。一つは、抱えている案件を上司や庁内関係者に説明するためのものです。意思形成のための説明資料です。もう一つは、決まったことを多数の人に広報し説明するための資料です。同じように「説明資料」といっても目的が違います。

庁内で説明する資料は、相談や伺いのためのものです。それに対し、住民に配布したり説明会でスクリーンに投影したりする資料は、周知のためのものです。決めるための相談と、決まったことの広報は観点が違い、説明手法も違います。

上司や庁内への説明資料は、ワープロソフトで作るか、あるいは自筆のペン書きにしましょう。ペン書きの説明資料が減りましたが、ペン書きにはワープロ文書より優れている点があります。まず、自筆だと文字数を減らそうとしますから、簡潔な文書になります。そして読む方も、手書きだと「これは力を入れているな」と思って、他の文書より優先して読んでくれるでしょう。

庁内説明資料を1枚の文書で作ったとして、その後ろにパワーポイントで作った資料を付けることはどうか。図表の方が分かりやすいもの、例えば年表（スケジュール）、数字の変化を見るグラフ、現場写真をつけることは有用です。しかし、それは自分の考えを説明するための資料ではなく、別添の参考資料でしかありません。パワーポイントで作ったポンチ絵（イラストなどを使った概略図）で説明することは、やめましょう。あなたの意見への同意や不同意の意思を確認するのは、難しいです。

そもそもスライド作成の様式を、紙資料に転用することに無理があります。パワーポイントは写真や図表を載せるための仕掛けなので、文字をたくさん書き込むことには向いていません。また横長の紙に横書きの文章は、読みにくくていけません。

住民広報資料をパワーポイントで作ることはどうか。文章が続く資料より、絵や写真を入れることで、読んでもらえる資料ができます。しかし、これも費用対効果を考えてください。この場合は説明すべき内容は決まっているので、あなたが残業までして文字の色や写真の位置について悩んでいるより、原案を考えて業者に頼んだ方が、きれいな資料が早くできます。

私も講演会で、東日本大震災への対応と復旧を説明する際などには、パワーポイントを使うことがあります。しかし、それは写真集や図表です。パワーポイントは、講演会や住民説明会で使う「紙芝居」と割り切りましょう。

体裁に時間をかけない

資料は何のために作っているか、もう一度考えてみましょう。

相手が読んですっと理解できる資料、簡潔明瞭な資料が良い資料です。資料の良し悪しは、作る職員の満足ではなく、読む人の立場で判断されるべきです。

パソコンを使った資料作りに、なぜ時間がかかるのか。資料作りの過程を二つに分けてみましょう。一つは、説明内容を考えることです。どのような案を上司に報告するか、または相談するか、その結論と論旨を文章にすることです。もう一つは、その案を文書にすることです。

案を考えることに時間をかけることは、批判されることではありません。早いに越したことはありませんが、いろいろ悩んで良い案を作りましょう。しかし、案ができてから、体裁に悩むことに時間を使うことはやめましょう。急ぎの説明資料なら、あなたが考えた時のメモをそのまま使ってもよいでしょう。もちろん、相手が分かるものになっている必要はあります。その際には、1枚にまとめることを忘れずに。

企画には時間をかけ、作業には時間をかけない。使うのは頭であって、指先ではありません。これが、事務部門で生産性を上げるコツです。

時間はコストを伴う

パソコンでの資料作りに時間がかかることの理由に、加筆が簡単にできることがあります。何度も加筆することができるのです。これは注意していないと、元の論旨が不明瞭になる原因にもなります。また加筆がしやすいので、だらだらと作業を続けてしまうことです。それは職員の作業の無駄であるとともに、税金の浪費です。

役所の仕事の欠点に、コストを考えないことがあります。職員が残業すると残業手当が掛かります。いえ、勤務時間内でも、人件費が掛かっているのです。6時間かけている仕事を4時間に短縮できれば、浮いた2時間を別のことに振り向けることができます。

公務員1人当たりの人件費（給与のほかに退職金や共済掛け金などを含めたもの）は、年間800万円ほどです。備品や電気代など事務費も掛かります。それらを含めて仮に年間約1000万円とすると、1月で80万円、1日で4万円、1時間当たり5千円です。職員が机に向かっているのは、タダではないのです。

5W1Hという言葉は知っていますよね。When（いつ）、Where（どこで）、Who（誰が）、What（何を）、Why（なぜ）、How（どのように）したのか。情報伝達の際の六つのポイントです。ところが、企業では、5W2Hという言葉を使うことがあります。もう一つのHは、How much（いくら掛かるか）です。

説明資料の技巧に走るのはあなたの趣味であって、それは職場では期待されていません。庁内説明資料は、文章で作ること。住民説明のための写真などを多用した資料は、原稿を作って外注する。この方針でやりましょう。

不要な資料を作らせない

あなたが上司である場合の注意も、書いておきましょう。上司としては、これらの点を自ら率先するとともに、部下を指導しなければなりません。併せて、職場の無駄を減らすことを考えましょう。

秘訣をお教えします。職員が案を考えているときに、完成品でなく、途中のもので持って来させましょう。途中経過を報告してもらいます。そうすることで、職員の仕事の進行を管理できます。間違った方向に進んでいるなら修正して、無駄なことをさせなくて済みます。

資料作りは、「8対2の法則」の代表例です。8割まで作ってから、残りの2割を作って完成させるのに、それまでにかけた以上の手間がかかるのです。8割の出来で了解を出しましょう。加筆が必要なら、その資料を引き取って、あなたが自分で加筆しましょう。「突き返すことで、部下を鍛えているんだ」なんて言わず、あなたが手を入れて良くなった完成品を見せることで、職員に良い見本を見せる方が育成には効果的です。職員が考え抜いて作った案に、さっさと加筆してより良い案にする。そこで、力量の差を見せてください。職員に、「さすが、うちの課長は違うわ」と言わせてみましょう。

次に、資料の体裁に時間を掛けさせないことです。上司が「これでよい」と認めることです。ゆめゆめ「ここは、もう少し活字が大きい方が良いと思うんだけど」とか「ここは黒でなく、別の色にした方が印象がよい」なんて、趣味の世界に走ることはやめてください。

上司としては、もっと重要なことがあります。そもそも、不要な資料を作らせないことです。議会審議や記者会見の際に、いろんな場合を想定して想定問答を作る課長がいます。それらは、多くの場合、使われずにごみになります。

作っておかなければならないのは、基本的で考え方を統一しておかなければならない質問、関係者が事前に打ち合わせしておかなければならない質問、事案の背景や質問者の関心から、想定しておかなければならない質問でしょう。

無駄な想定問答を作らせる上司は、無能な上司です。恥ずかしいと思いましょう。

それでも心配だったら、職員に作らせず、自分で作りましょう。それも、職場で残業すると部下の迷惑ですから、自宅で一人で作業してください。持ち帰り残業は、お勧めではありませんが。

第5講の教訓

- □ 活字の大きさや文書の体裁に悩まないように、文書の書式を決めておきます。
- □ 庁内説明資料に、パワーポイントを使ってはいけません。
- □ 文書の内容を考えることに時間をかけて、体裁に時間をかけることはやめましょう。
- □ 部下が作る資料は、8割の出来で引き取りましょう。何度も修正させず、必要なら課長が加筆して完成させてください。
- □ 無駄な想定問答作りはやめましょう。

第6講

パソコンに使われない

職場の無駄の三つ目は、パソコンです。

パソコンは、事務処理の効率化に欠かせません。文書作成、電子メールのやりとり、情報収集など。とても便利なものです。ところが、しばしば「時間泥棒」に変身するのです。パソコンに罪はありません。それに時間を取られるあなたが悪いのです。

電子メールの罪

まず、電子メールのやりとりです。

電子メールができて、便利になりました。それまでは、電話をかけて相手と話をしました。電話をかける際には、相手の都合を気にします。相手が今は会議中ではないか、お昼休みだな、もう帰宅したかもしれないなどとです。

電子メールは、相手の都合を気にせずに、いつでも送ることができます。また受けた方も、自分の都合の良いときに返信すればよくなりました。お互いが相手の都合を考えずに、やりとりできるようになりました。これは、革命的でした。ところが、この便利さが、無駄を生むことになったのです。

あなたのパソコンにも、しょっちゅう電子メールが届くでしょう。そこには、重要な連絡のほかに、参考程度のお知らせもあります。また、至急回答しなければならないものと、時間に余裕があるものとがあります。受ける側にとっては、重要なものとそうでないものが、ばらばらと届くことになったのです。

届いた電子メールが重要なものか、そうでないものか。開いて読んでみないと、分からないのです。さらに、直接関係のない人にもCC（カーボンコピー）機能で電子メールが届きます。手紙や電話の時代は、関係なさそうな人には、面倒なので伝えませんでした。あるいは知ってほしい人には回覧板で回しましたから、一見して緊急かどうか、重要かどうかが分かりました。

差出人に、悪意はありません。受け取った相手がこの電子メールを重要かどうかを判断するだろうと考えて、送信しています。ところが、受け取る側にとっては、迷惑なことがあるのです。

すなわち、電子メールには、たくさん届くこと、ばらばらと届くこと、内容が玉石混交であること、読んでみないと内容が分からないといった罪があります。

集中力の邪魔

あなたが重要な仕事に集中している際にも、電子メールが届きます。何だろうと思って読んだら、しょうもないお知らせだったりします。そのたびに、仕事が中断されます。それを読むことによる時間の無駄のほかに、中断による時間の無駄もあります。

ある調査によると、電子メールで仕事を中断された後、集中力を取り戻して元の仕事に着手するまでに、平均して15分かかるのだそうです。また、1日に電子メールの着信を50回確認し、携帯メールを77回以上利用しているとのことです。電子メールによる仕事の中断とその後に集中力を取り戻すための時間を合わせると、勤務時間の4分の1（2時間）以上が失われているのです。これは大変な無駄です。

むやみに送らない

このような仕事の邪魔を防ぐには、どうしたらよいか。まずあなたが、相手に迷惑を掛けないようにしましょう。民間企業や仕事の達人の例が、参考になります。

電子メールがばらばら届く、それをいちいち確認することで、仕事が中断されます。それを防ぐためには、関係ない人に電子メールを送ることを控えましょう。一斉メールを送らないことや、CCの宛先を増やさないことです。

重要な案件は電子メールでやりとりしない、同じフロアの職員には電子メールを送ることを禁止している会社もあります。面と向かって話せばすぐに済む案件でも、電子メールを使うと、執筆、送信、閲覧と相手に伝わるまでに手間と時間がかかります。そして、電子メールでは、確認のために何度もやりとりすることが多くなります。それなら、会って話すか、電話で一度で片付ける方が効率的です。仕事の達人には、仕事の相手と条件などを調整しなければならない場合は、電話を基本にしている方もいます。要は業務の内容によって、会って話すか、電話で話すか、電子メールでやりとりするかを分けることです。

「これは、あの人にも参考になるかな。教えてあげよう」という参考情報の提供にも、注意する必要があります。『明るい公務員講座』では、これを推奨しました。しかし、その電子メールを受け取った相手が喜ぶか、それとも迷惑だと思うか。それは、相手にとっての、その情報の重要度によります。それを判断してください。何でもかんでも送ることは、やめましょう。教えてあげて、迷惑がられる必要はありません。

表題を工夫する

送る際には、表題を工夫します。相手が、その電子メールによって何をしなければならないかを、表題を見ただけで分かるようにします。

重要な報告か、単なる連絡か、参考程度のお知らせか。表題を見て判断できると、受け取った方はすぐに読まなければならないか、後で処理してよいのかが分かります。回答を求めるとしても、至急欲しいのか、締め切りまでに時間があるのか。表題に「〇日までに回答」と入れるようにしている会社もあります。

『明るい公務員講座』で、文書を作成する際に、表題に相談か報告か分かるように明示しましょう、とお教えしました。電子メールの場合はたくさん届くだけに、表題を見て急いで対応する必要があるか、分かるようにすることは重要なのです。

次に文面です。冒頭に「お世話になっています」といったあいさつを書くことを禁止している職場があります。これも一つの割り切りです。外部の方とのやりとりにはそれなりの礼儀が必要ですが、職場内でのやりとりなら、簡潔に要件から書きましょう。

仕事の邪魔をさせない

次は、受け取る側の対策です。

仕事中に届く電子メールをそのたびに読むことで、仕事が中断されます。それを防ぐには、パソコンを閉じることです。開いていると、電子メールが届くたびに内容を見たくなります。その内容がつまらないものであっても、つい読んでしまいます。

電子メールを見る時間を、決めておきます。例えば1時間おきに見るなどです。「どんな電子メールが来ているか心配だ」という人もいるでしょう。でも、会議中などで、電子メールを確認しない時間帯もあります。その間に電子メールを確認しなくても、困ったことはないのではありませんか。緊急の案件なら、直接会いに来るか電話で確認が来るでしょう。

スマートフォンや携帯電話も同じです。私用のものなら、勤務中は電源を切ってかばんに入れておきましょう。少なくとも、机の上に置いて常に電源を入れておくものではありません。勤務中に職場で私用電話をすることには気が引ける人でも、スマホを操作していると、罪悪感が薄れるようです。

インターネットの罪

もう一つ大きな時間泥棒は、インターネットでのウェブページの閲覧です。インターネットで調べ物をしたら、気になる記事が載っていて、それをクリックして読んでみた。さらに面白そうな記事があって、次々とネットサーフィンした。あなたにも経験があるでしょう。それが職務に必要なものなら問題ありませんが、多くの場合はそうではないですよね。そこから、どんどん周辺の情報に入っていって、やがて……。閲覧者の関心を引くように表示があるのは、娯楽や商品販売が多いです。売り上げを伸ばすために、あなたの気を引こうと工夫を凝らしているのです。

職場で週刊誌やスポーツ新聞を広げるのは、勇気が要ります。しかし、パソコンを見ているのは、仕事をしているのか仕事外の事項を見ているのか、周りの人には一見分かりません。そこで、ついつい業務外のサイトを見てしまいます。自宅のパソコンで見ているなら問題ありません。しかし、ここは仕事場であって、勤務中です。キーボードを叩かず、マウスだけを操作しているようだと、それは職務と関係のない遊びだと思ってよいでしょう。

職員が、職場のパソコンでどのようなサイトを見たかは、すべて記録されています（接続履歴、アクセスログ）。調べれば、すぐに分かります。閲覧したサイトと閲覧時間の程度によっては、職務専念義務違反として懲戒処分対象になることもあります。

第6講の教訓

- □ 相手に迷惑を掛けないように、電子メールの送り先を限定し、表題だけで内容が分かるようにします。
- □ 仕事を中断されないように、パソコンを閉じておきましょう。電子メールの確認は1時間おきにしましょう。
- □ インターネットで、興味のままにウェブサイトのサーフィンをするのはやめましょう。

第3章

考える力

第7講

判断力を養う

第1章と第2章で、できる職員になるために必要な「能率」についてお教えしました。次は、「仕事の質」を高める方法についてお話しします。

良い成果を出すために必要な能力は、「考える力」と「伝える技術」の二つです。考える力とは、仕事の進め方や課題解決の案を考えること、そして判断することです。伝える能力とは、考えた結論と理由を関係者に伝えることや、指示を出して仕事を片付けることです。

第3章では、このうち、考える力を身につける方法をお教えします。

知識、経験、情報量

ある課題を、朝飯前だと簡単に片付ける人と、悩み続けて結論の出ない人とがいます。素早く結論を出すけれど、間違った判断をする人もいます。早さと正しさで、判断力の差が出ます。その差は、どこから生まれるのでしょうか。

先輩と若手の差は、過去のことを知っている知識の量と、自ら課題を解決した経験でした。それは、『明るい公務員講座』でお教えしました。あなたにとって初めての事件でも、経験豊富な先輩は、「以前もこういうことがあったな。あのときは……」と、過去の事例を教えてくれます。初めて海外旅行をするとき、パスポートはどうしよう、両替はどうしようと悩み、緊張しますよね。でも一度経験したら、2回目からは難なくできます。過去の知識と自らの経験とは、このようなことです。

このほか、上司と部下との判断力の差を生むものに、情報量の差があります。

役所をはじめ組織では、職位が上がるほど幅広く情報が入ってきます。財政課の係員には、担当している事業に関する情報が入りますが、財政課長には、市役所全体の事業の情報が入ります。総務部長には、予算と事業に関する情報だけでなく、人事や広報に関する情報も入ります。そして市長には、社会福祉や産業振興に関する情報も入ってきます。上司の方が広い情報を持っていて、「その話なら、よく似た案件を別の課で扱っているよ」と助言でき、「他の課で関連する計画を作っているので、それを取り入れて、この案をこう変えてみよう」などと判断できるのです。

これは組織の中での情報量の差ですが、それとともに、その人が組織の内外で蓄えてきた情報があります。有能な上司は、その幅広い情報を基に、広い視野で判断できるのです。

良い判断を支える基礎は、知識、経験、情報量です。

道筋を考える

良い判断と言われるためには、内容が良いだけでなく、適切な時期に結論を出すことが必要です。いくら良い内容でも、締め切りに間に合わないようでは意味がありません。

判断とは、どのように対応したらよいか分からないときに対応案を決めること、あるいは幾つもの選択肢があるときにどれを選ぶかです。早く結論を出す方が、次の仕事に進むことができます。しかし、判断に迷う際に慌てて結論を出すのでなく、結論の出し方やその道筋を考えることも、立派な判断です。

「この問題について、あの人ならどう考えるだろうか」とか「仮にこういう案で進めると、関係者はどのような反応をするだろうか」というようにです。一人で考えて分からない場合は、その課題についてよく知っている人に相談に行くことです。明日の天気がどうなるかは、あなたが悩んで下駄を飛ばすより、気象予報士に聞く方が確率の高い予報を得ることができます。扱っている案件が訴訟になりそうだったら、そのような案件に詳しい弁護士に相談することが良い判断です。

知識も経験も少ない職員が一人で悩んでいても、生産性は低いです。出てきた結論も、危なくて仕方ありません。

良い結論が直ちに浮かばない場合は、結論に至る道筋、あるいは結論を発見する道筋を考えましょう。直ちに「結論」を目指すのでなく、結論に至る「過程」を考えるのです。それは、よく似た前例を探すこと、そして次はその案件や似た案件に詳しい人を探すことです。それがまずは良い判断であり、最終的に良い判断を下すことにつながります。16ページで、方向性の分からない仕事の進め方をお教えしました。思い出してください。

相談する人を知っている

良い判断をする基礎に必要なものとして、先に知識、経験、情報量を挙げました。今述べたように、一人で判断ができないときや自信がないときは、それに詳しい人に相談することが得策です。すると、良い判断の基礎にもう一つ、仕事に関する人脈を持っていることが能力になります。

外部補助装置を使うのです。人脈は、あなたの大きな財産です。分からない単語が出て来たら、辞書を引きますよね。インターネットで調べる人も多いでしょう。インターネットは世界のことを調べるには、便利な装置です。しかし、あなたが今悩んでいることや、あなたの役場と地域の事情については、ウィキペディアでも役に立たないでしょう。職場で役に立つ「辞書」は、先輩であり関係者です。

判断の模擬訓練

あなたがまだ管理職でないなら、重要な判断を下す機会は少ないでしょう。判断材料を持って、上司に相談に行けばよいのです。しかし、あなたが将来、上司になる際に向けて、判断力を育てる機会はたくさんあります。上司が判断に悩んでいるとき、あるいは結論を出した際に、自分ならどうするか、模擬訓練をしてみるのです。

防災訓練は、あなたの職場でもやっているでしょう。あれと同じです。実際に遭遇する前に、訓練してみるのです。判断に迷って悩んでいる課長を見て、「課長は大変だなあ」と他人ごとのような発言をせず、「もし私が課長だったら、こうするか」とシミュレーションをするのです。想定問答をしてみるのもよいでしょう。「こう言えば、あの人はこう反論するだろうな」「では、こう言ったら、どうなるだろう」というようにです。

これは、普段あなたが判断するときにも使えます。「この結論を課長に上げたら、課長はどう反応するかな」と、上司の立場に立って考えてみるのです。

さまざまな職場経験

幅広い経験を積むことは、あなたの知識を増やし、判断力を育てます。公務員も幹部を目指すなら、専門分野を持ちつつ、広く経験を積むべきです。

私は公務員人生の約3分の1を、自治省と総務省で地方財政を担当して過ごしました。別の約3分の1は、県庁で財政に携わりました。それもあって、地方財政の専門家を目指しました。国では全国を見て制度を考え、県庁では現場の地方財政を勉強する。ありがたい経験でした。

しかし、同じところだけ見ていると、井の中の蛙になります。その職場を離れて元の場所を見ると、分かることがあります。公務員人生の残り3分の1は、総務省の大臣官房のほか、内閣府（経済社会システム担当）、内閣（省庁改革本部）、総理大臣官邸（総理大臣秘書官）などを経験しました。内閣府で経済財政諮問会議の事務方として働いたのは、日本の経済財政や社会と政治を勉強する良い機会でした。離れた立場から総務省や地方行財政を見ると、全体像がよく見えます。

東日本大震災が起きて、急きょ政府につくられた被災者生活支援特別対策本部で、事務方の責任者に指名されました。その際には、私のそれまでのいろいろな職場経験が役に立ちました。地方自治体の現場を経験したので、自治体の組織と人を知っていました。他方で、自治体の能力の限界も知っていました。次々と寄せられる自治体への指示や依頼に対応するとともに、場合によっては「それを今、あの役場に求めても無理です。混乱するだけです」と止めることができました。

総理大臣秘書官として霞が関全体を見たことで、どの役所にどのように指示や依頼をすれば効率よく動くか、見当が付きました。各省幹部や与野党との長い付き合いも、役立ちました。内閣や国会、政党はどのように動くのか、誰に話せば動くのか。組織と人の両面で学んだその勉強結果を、存分に活用しました。

　2001年に行われた中央省庁改革を担った、中央省庁等改革推進本部での勤務も有用でした。そこで全省庁と付き合い、各省と民間から派遣された職員の混成部隊を動かす経験を積むことができました。

　皆さんも機会があれば、さまざまな職場で経験を積んでください。同じ部局だけでなく、違った分野の行政を経験すること。そしてできれば、他の組織に出向することです。そのような誘いがあれば、ぜひ受けましょう。

判断の基準――三つの視点

「全勝さんは、難しいことを決断するときに、何を基準にしていますか」と、問われることがあります。私は、次のように答えています。

　私が難しい判断をする場合に、考慮する視点は三つあります。過去、現在、未来です。

一つ目は過去の事例であり、歴史です。前例があるなら、それを参考にするべきです。もちろん、「その前例通りにしろ」ではありません。

ある事案には、そこに至る歴史があります。いろんないきさつの結果、ここまで来ているはずです。どういう経緯でこうなったかを、知っておく必要があります。それを踏まえて、方向性を判断する必要があります。また、私のところに持ち込まれるのは、だいたいは関係者の間でもめている案件ですから、その経緯を無視して判断することは無謀です。

二つ目は、現在であり、部外者からの目です。よく似た事案との比較や、関係者はどう考えているかです。

自分の世界に閉じこもって考えて、すごく良い案だと思っていたら、「いや、あちらでは、こんな良いことをやっているじゃないか」と言われることもあります。

また、周りの人が、私の結論をどう思うかです。私が正しいと思っても、関係自治体や国会議員、マスコミなどが、「なるほど」と思ってくれないと収まりません。上司と部下とで「これくらいがよいですね」と合意しても、外部の人が納得しないと意味がありません。もちろん、それらの人におもねるということではありません。公務員ですから、筋を通す必要があります。

三つ目は、未来です。未来の人が、私の判断をどう評価するか。未来の子どもたちに、どのような説明ができるかです。

この判断をしたら、来年、あるいは5年後や10年後にどうなるかということを考えます。未来を見ながら、未来から振り返ってみる。物事を考えるためには、時間軸は必要です。筋を通す場合、それが正しいかどうか。それは、未来の人たちが評価します。10年後や20年後の人たちにも、「私はこのような理由で、このような判断をしました」と説明できるかどうかです。

同じことを少し変えて、「縦軸、横軸、斜め後ろ」と表現する場合もあります。今述べた過去と未来の視点が、縦軸です。現時点で部外者がどう見るかが、横軸です。そしてもう一つが、斜め後ろです。

「斜め後ろ」とは何か。それは、自分（岡本全勝A）の1メートル後ろに、もう一人の自分（岡本全勝B）を置くのです。Bの視野や立ち位置は、Aとは違っています。

そのBがAに向かって、「お前、本当にそれでいいのか」と確認します。独り言を言っているように見えますが、それは客観的に冷静に、もう一度考えてみるということです。

難しい判断のときは、一人になってこの三つ、縦と横と斜め後ろの視点から模擬訓練「頭の体操」をします。そして、相談に乗ってもらえる人に意見をもらいます。

第7講の教訓

- □ 良い成果を出すために必要なのは、考える力と伝える技術です。
- □ 判断力は、知識、経験、そして情報量によって差が出ます。判断に迷ったら、判断できる人に相談することが良い方法です。
- □ 模擬訓練と想定問答で、判断力を養いましょう。
- □ 過去からのいきさつ、部外者の目、未来の視点から判断しましょう。視野の違うもう一人の自分を置いて、対話してみます。

第8講

知識の多さと視野の広さ

では、どのようにしたら、知識を増やし、視野を広げることができるのでしょうか。

あなたの知識は時代遅れ

かつての役場職員に比べ、現在の公務員には、はるかに多くの課題があり、行政実務も高度になっています。介護保険、定住外国人、不登校、虐待、孤独死など。私が公務員になった頃には、行政の関与が今ほど求められていなかった課題であり、問題の所在さえ認識されていなかったものです。仕事の仕方としても、個人情報保護、セクハラやパワハラ対策、ＩＴ機器、サイバー攻撃対応などは、今では職場の常識ですが、かつてはそれほど認識のなかったことです。

ごみ処理を考えてみましょう。市町村の基本的な業務ですが、この仕事もより高度になっています。かつては、そのまま埋め立てたり、燃やしたりしていました。その後、多くの種類に分別し、再生利用するようになりました。ダイオキシン対策で、焼却にも注意が必要になりました。不法投棄された産業廃棄物の処理もあります。原発事故で放射性物質が放出されたことにより環境が汚染され、その処理に取り組んでいます。シーベルトとかベクレルといった単位は、私も原発事故で初めて知りました。

これまで経験したことのない業務に就いたら、その分野について勉強しなければなりません。経験ある業務であっても進化します。それに合わせて、知識を増やさなければなりません。あなたが大学で学んできたことは、時代遅れになっています。

その分野の教科書となる本を読み、必要な知識を身につけるとともに、最先端の知識を追い掛けなければなりません。本を読むこと、専門誌に目を通すこと、新聞を読むことです。インターネットで情報を集めることも必要でしょう。ある問題に関心を持った議員や住民には、最先端の知識を持っている人もいます。議会質問が出てから資料を探したり、住民との議論で負けたりしているようでは、仕事が進みません。

知識の高さと広さ

知識を増やす際には、「高さ（深さ）」と「広さ（幅と奥行き）」を考えましょう。担当している仕事に関する知識を増やすこと、これは高さです。その仕事に直接関係なくても、知っていると役に立つ知識（幅）、さらにはあなたの見識を高める知識（奥行き）があって、広さになります。

担当している仕事の範囲の知識だけでなく、関連する知識も重要です。東京スカイツリーと富士山を、並べて想像してください。スカイツリーは、世界一の高さを誇る電波塔です。高さでは抜きん出ています。しかし、あなたの持っている知識がスカイツリーのような細長いとんがった知識だと、周辺の事象を聞かれると困ります。富士山のように裾野が広い知識だと、関連することを聞かれた場合でも、当たりがつきます。

他の自治体から来られた方を案内する場合や、市長のお供をしていることを想定してください。あなたの担当している仕事だけでなく、あなたの役所のこと、地域のこと、最近の話題など、さまざまなことを質問されます。その際に、「いや〜、私はその点は疎くて」と答えるのか、「詳しくはないのですが、それはおそらく……です。後で確認します」と受け答えできるか。差が出ますねえ。

あるいは、ある企画に参画しているとき、どのようなことがこの仕事にかかわってくるかは、事前に予想がつきません。そのためには、新聞を読んだりして、世間の動きを幅広く、奥行き深く知っておくことが有用です。

向上心を持ち続けよ

勉強を学生時代で終わらせることなく、好奇心を持ち続けましょう。あなたは、月に何冊くらい本を読んでいますか。何回くらい本屋に立ち寄っていますか。社会はどんどん進化しています。知的好奇心を持ち続け、社会の変化についていきましょう。

かつては「私は大学では授業に出ずに、体育会の活動だけで卒業した」などと言って、不勉強を自慢する人がいました。昔なら「豪傑だ」と言われたかもしれませんが、現在では笑い話にもなりません。公務員は採用試験を経ているのです。試験に受かっていながら、「私は能力がありません」というのは詐欺です。採用面接の際には、必死になって自らの能力と長所を主張したのではありませんか。

また、過度に謙遜することも良くありません。役所としては、試験をして優秀な職員を採用し、さらにお金を掛けて育てているのです。ある席が空いて後任者を選ぶ際に、上司としては、能力のある人、向上心を持った人を選びます。上司はお釈迦さまではありませんから、あなたの隠れた能力、あるいはあなたが隠している能力は見えません。自らの能力に自信を持ち、きちんと理解してもらいましょう。

日本の職場では定期異動があり、経験を積むと上位の職に昇進していくことが普通です。これに対し、欧米の職場では定期異動はなく、役職が空いたら公募されます。自分で応募しない限り、いつまで経っても同じ席にいて、昇進どころか昇級もありません。自分の能力を、売り込まなければならないのです。どちらの仕組みも一長一短がありますが、日本の自治体でも、一部の役職で公募（組織外を含めた公募あるいは組織内公募）する例が出てきました。じっと待っているだけでは昇進せず、謙遜していると誰もあなたの能力を認めてくれません。

向上心を持ち続けて、あなたの知識を増やしましょう。

研修と自己啓発

各職場では、職員の能力を向上させるため、さまざまな研修を実施しています。専門業務に関することや、職場での仕事の進め方、あるいは職業人として注意しなければならないことなどについてです。駆け出しの頃は何を聞いても新鮮で、勉強になるでしょう。しかしある時点から、「そんなこと、聞かなくても知っているよ」と、参加意欲が低くなっているのではありませんか。私は、それでよいと思います。

経験を積んだ職員なら、一通りのことは知っているはずです。すると研修は、「知っていることを確認する場」になります。そうなったら、「私はこの分野ではもう第一人者だ」と自信を持ってください。しかし、そこで満足することなく、自分ならどのように教えるか模擬訓練してみましょう。そして今度は受講生でなく、講師を引き受けましょう。講師が務まるようになったら、あなたは本当の第一人者です。

研修会のほかに、職場で仕事をしながらの研修もあります。オン・ザ・ジョブ・トレーニング（ＯＪＴ）と呼ばれます。もっとも、正式にＯＪＴと呼ばれるのは、先輩など指導者が作業をしてみせ、新人にやらせてみます。そして、足りないところを指導するという研修方法です。このような明確な研修でなくても、日々の仕事の中で、職員は自らやってみて、あるいは先輩の仕事ぶりを見て学びます。やっているうちに意識しなくても、技は身につきます。その際に向上心を持って、自らの能力を磨くことを意識しながら仕事をすると、効果は大きくなります。

自分で本を読んだり、通信教育などで勉強したりしている人もいるでしょう。本を読むことで、過去の人たちが同じようなことで悩み、どう行動したかを知ることができます。本を読んだこととの差は、必ず出てきます。

新聞で社会を知る

新聞を読む人が減っているようです。あなたは毎朝、新聞を読んでから出勤していますよね。公務員として生き、幹部になろうとするならば、新聞を読みましょう。

特定のニュースなら、インターネットで見る方が早く、関連するページを追い掛けることで、より詳しく知ることができます。しかし、個別のニュースを知ることは、新聞の第一の機能ではありません。新聞の機能は、日本中あるいは世界中にある社会の出来事や課題を取捨選択して紙面に編集してくれ、見出しまで付けてくれることです。何百万とある世界中のニュースを、数十ページにまとめてくれます。かつ、重要性の高い順に並べてくれます。

私たちが見るのは、その第1面、第2面、第3面と、テレビ欄、スポーツ欄、社会面くらいですね。その合計5ないし6ページを見ればいいのです。世界のニュースから重要なものを自分で選ぼうとしたら、ものすごい手間と金がかかります。それを、中央紙や時事通信社、地元紙の編集者が選択して、重要性に応じて並べてくれるのです。新聞の機能は、ニュースを見ることだけではありません。「何が主要なニュースなのか」を見ることです。

今、何が問題になっているのか。自分が担当している分野だけでなく、世間で何が話題になっているのかを知らなければなりません。それはあなたの仕事にも、どこかでかかわってきます。必要になったときに、「ああ、そうだ。あそこに載っていた」とさえ思い出せれば、手掛かりになります。すべてのことを理解する必要はありませんし、すべてを覚える必要もありません。新聞を斜め読みしてください。

斜め読みと熟読

新聞は、パソコンの画面でなく、紙面で見ましょう。その記事が第1面トップに書かれているか、第3面の端に書かれているのか。その優先順位が重要なのです。日本の政財界の指導者や地域のリーダーの頭の中は、新聞を読むこと、それも斜め読みすることで出来上がっています。そして、私たちはその人たちを相手に、仕事をしています。

私は、新聞にざっと目を通したら、気になる記事を、びりびりっと1ページごと破ります。新聞紙は縦に繊維が走っているので、縦に破るのは容易です。それを四つ折りにすると、A4判の半封筒にちょうど入るので、そこに放り込んでおきます。

朝は忙しく、ゆっくり読んでいる時間がないのです。というより、朝はニュース全体に目を通す時間であり、それぞれの記事を深掘りするのは、別の時間にするのです。特に解説欄やオピニオン欄に載る長文の記事は、後でゆっくり読まないと理解できず頭に入りません。

インターネットは、無限につながります。新聞紙面は、限界があります。これが新聞の長所です。インターネットをサーフィンしていると、あっという間に時間が経ってしまいます。朝の忙しいときに、そんなことをしていられません。私たちが毎朝しなければならないことは、今日の主要ニュースは何かを確認することです。

会社員が毎朝、日本経済新聞を読むのにかけている平均時間は、30分だそうです。20％の人は、15分です。紙面でなければ、斜め読みはできません。

アリの目とタカの目

上司に説明したら、思ってもいない角度から質問が飛んできたり、まったく違った視点から助言をもらって「目から鱗が落ちる」という経験をしたことはありませんか。私も若いときは、しょっちゅうこんな目に遭いました。課長や知事に指摘され、「どうして、そんな発想ができるのだろう」と驚くとともに、自分ができないことに悔しい思いをしました。ところが、今では私が、若い部下たちが説明に来た際に違った視点から助言すると、かつての私のように彼や彼女が凍り付き、目が点になっている様子がよく分かります。

これまでに述べたように、知識、経験、情報量の差などによって、若い人とは違った視点からの発想が出るのでしょう。しかし、それだけではなさそうだとも思いました。同じような経験をしている先輩でも、「あの人の発想は違うな」「視野が広いなあ」と思える人と、そうでない人がいたのです。私がたどり着いた結論は、経験の量だけではなく、「アリの目とタカの目」の違いがあるということです。

私たちは、一つの仕事を片付ける際に、脇目も振らずそれに集中します。これを、アリだとしましょう。目の前のことは、細かいことまでよく見えます。しかし、地表の高さ、目の前しか見えません。この道が正しいと思って走っても、行き止まりだったりして、引き返すのです。他方、タカは上空から全体を眺めます。目的地と途中の障害物を見ることができます。アリが迷路の中をやみくもに走っているのを、空から眺めています。「その道を行っても、行き止まりだよ」「危ない、自動車が来ている。あ〜、やっぱりひかれた」といったようにです。

そうです。若い頃の私はアリであり、上司はタカだったのです。アリである私は、すぐにはタカのように飛ぶことはできません。しかし、そのような思考方法を訓練することはできます。それが、これまでにお教えしてきた研鑽術です。

- 「上司だったらどう判断するだろうか」と模擬訓練してみる。
- 知っていそうな人や第三者に聞いてみる。
- 縦・横・斜め後ろから考えてみる。
- 本を読んで勉強し、新聞を読んで知識を広げる。

先を読む

視野の広さに、もう一つ「先を読む」ということがあります。ある案を考えた場合に、それが関係者からどのような反応を受けるか。その場合に、こちらは次にどんな手を打つかを考えることです。

私たちは、一つの解決策を見つけると、そこで満足してしまいます。「やった〜、良い案ができた」というようにです。しかし世の中には、さまざまな関係者とさまざまな考えの持ち主がいます。あなたの考えが、受け入れられるとは限りません。せっかく良い案だと思って発表したら、反論ばかりが出て、うまくいかないこともあります。「こんなはずじゃなかったのに」と悩む前に、これを基に他の案も考え、そしてその反応を想定してみます。さらに、次の手を考えます。次の案の方が最初の案より良さそうなら、それに導く道筋を考えましょう。最初の案がやはり一番良いようなら、比較して説明することもできます。

将棋や囲碁の名人は、先を読む達人です。分野は違いますが、私たちの仕事も先を読むことは重要です。『明るい公務員講座』で、上司に説明する際に、「傾向と対策」が重要だとお教えしました。部外の人に向かって説明するときには、相手方、議員、マスコミなどの反応を想定し、それを計算に入れた仕事をしましょう。

第8講の教訓

- □ 社会とともに仕事は進化します。最先端の知識を身につけましょう。
- □ 狭い知識でなく、裾野の広い知識が必要です。
- □ 新聞を読んで、社会を知りましょう。ニュースを知ることとともに、何が主要なニュースかを知ることが重要です。
- □ 視野の広さと、先を読む術を身につけましょう。

第9講

専門分野を持つ

やみくもに本や新聞を読んでも、能力は上がりません。あなたの読書時間と記憶力にも、限りがあります。すべてについて広く深く勉強することは、不可能です。効率的に行うためには、読む本や集める情報を分類します。読みたい本や欲しい知識は、大きく分けると、仕事に関すること、公務員として知っておきたい社会や地域の動向、そしてあなたの趣味の三つに分かれるでしょう。このうち、仕事に直接関係する知識は、徹底的に読み込みます。公務員としての素養にかかわる情報は、斜め読みでよいでしょう。趣味については、私が言わなくても力が入るでしょう。

ある分野のプロになる

あなたは、専門分野を持っていますか。私は、公務員は何らかの専門分野を持ち、そこで「プロ」になるべきだと考えています。

公務員の多くは、いろいろな職場を経験します。技術職で採用されれば、ある程度の専門分野が決まりますが、事務職は採用時に専門性は問われず、採用後もさまざまな職場に配置され、異動していくのが通常です。

そこで、まずは配属された職場で、その分野の第一人者を目指しましょう。その後、幾つかの職場を経験していくうちに、この役所ではどの部門がどのような仕事をしているのか、併せてどのような知識が重要であるか、「地図」が見えてきます。そうすると、あなたの関心分野も、その地図のどこかに絞られてくるでしょう。

ただし、毎回あなたの関心分野と配属先が一致するとは限りません。そのときは、それを受け入れて、その仕事での知識を集めつつ、別にあなたの関心分野について勉強を続けましょう。今の仕事と直接関係ない分野でも、あるいは仕事外でも構いません。地道にこれを続けることで、自分の専門を磨くようにしましょう。

どんな仕事でもこなせる万能選手もいます。しかし、それはなかなか難しいことです。オールラウンドということは、逆に専門を持っていないということになりかねません。スポーツでも仕事でも同じです。

折衝や調整、指揮と管理など、幹部になるために共通する技能はあります。しかし、専門分野を持たずに調整と管理のプロになっても、本当に仕事を任されることはありません。例えば、子育て支援や福祉、まちづくりや産業振興などといった、ある分野のプロになりましょう。あるいは、広報や会計といった業務別のプロもあるでしょう。専門分野を持ちつつ、他の仕事もこなせる職員を目指しましょう。

勉強の苦しみと楽しみ

私自身は若い頃は、地方財政の専門家を目指しました。勉強もしましたし、学会にも入りました。たくさんの学者やジャーナリストとも知り合いました。その勉強を基に、30代の課長補佐のときに、地方交付税の専門書を書きました。『地方交付税・仕組と機能』（1995年、大蔵省印刷局）です。そこには制度の解説だけでなく、実務者として、運用の実態や果たしてきた機能も書きました。

40代半ばで、東京大学大学院から講義の依頼を受けました。課長職で忙しい中、週1回の講義を続けることができるか心配もありました。しかし、地方行政を勉強し直す良い機会だと考え、引き受けました。ここでも、制度の解説ではなく、現役官僚として、戦後半世紀にわたって地方行政がどのような成果を挙げてきたか、そして課題は何かを論じました。講義の内容をまとめたのが『新地方自治入門―行政の現在と未来』（2003年、時事通信社）です。

それから、視野を広げて日本の行政の課題や在り方を勉強するようにしました。「行政構造改革―日本の行政と官僚の未来」（『月刊　地方財務』2007年9月号〜、ぎょうせい）や「社会のリスクの変化と行政の役割」（同、2010年10月号〜）です。ただし、前者は総理大臣秘書官に就任したことで連載が中断し、後者は東日本大震災被災者生活支援本部に呼ばれたことで中断しました。現役官僚の宿命と言えばそれまでですが、一方で、勉強し考えていたことを実践することにもなったのです。後者については、その後の経験を踏まえて『東日本大震災　復興が日本を変える―行政・企業・NPOの未来のかたち』（2016年、ぎょうせい）として出版しました。『明るい公務員講座』と『明るい公務員講座　仕事の達人編』も、勉強の成果の一端です。ここに書いていることは、経験者なら知っていることばかりです。では、経験者なら書けるか。そうでもないのです。体験談として具体の事例は語ることができるのですが、それを普遍化して文章にするのは意外に難しいです。飲み屋で後輩たちに体験談を語ることはできても、職員研修所で講師を務めるとなると、内容を考えなければなりません。その後、意識して、現場で悩んでいる管理職と意見交換したりして、考え続けました。それを基に執筆しました。

そのときそのときは、楽なことではありませんでした。ですが、夜と休日を講義の準備や原稿の執筆に充て、苦しみながら書いたことが、懐かしい思い出です。

勉強のテーマはあなたの目の前に

私の例は、国家公務員としての経験です。国家公務員は、全体の観点からある政策を見ています。しかしこれからは、現場で事例を見ていて、研究の現場（フィールド）を持っている地方公務員にこそ、勉強しそれを世に問う条件が整ってきています。国家公務員と地方公務員の役割が、変化してきているのです。

明治以来の日本の行政の基本的な仕組みは、欧米先進国をお手本にし、最先端の行政を輸入し、全国に広めるというものでした。国家公務員が制度をつくり、全国に配布しました。その場合は、国家公務員がいわば先生であり、地方公務員は生徒でした。

この仕組みで成功したことによって、日本が世界の先進国となりました。この段階で、この仕組みは使命を終えました。輸入するものがなくなるとともに、他国でまだ解決されていない課題に直面して、今では日本は課題の先進国になっています。課題は、国内の各地で発生します。それを政策課題として見いだし、試行錯誤して解決するのは、地方公務員です。勉強する素材は、皆さんの目の前にあります。

あなたの周りを見回してください。人口減少、高齢化、地域活性化、産業空洞化などが大きな問題となっています。待機児童をなくすこと、高齢者の孤立を防ぐこと、地域を元気にすること。これらは、中央政府が制度を改正すれば解決するというものではありません。東京で考えていても、諸外国に視察に行っても、良い解決策は出てきません。これらの課題は、実態を見て住民の声を聞いている地方公務員が、最も詳しいのです。

自治体職員への期待

「どうしましょうか」と問うのではなく、「こうしたらどうでしょう」とアイデアを出しましょう。

地方自治体で新しい取り組みに挑戦し、良い事例を積み上げる。国は、自治体での先進的取り組みや優良事例を集め、必要なら制度改正や予算確保をし、それを全国に広める。これが、これからの役割分担になります。かつての「制度輸入、全国均てん」

手法が終わり、これからは「地域で挑戦、全国展開」手法が必要です。

技術系の職員や大学院修了の職員は、すでに専門分野を持っています。関係する学会にも入っているでしょう。事務系の職員も、専門分野を持って勉強を続けてください。地方行政関係の学会や地方公務員による勉強会もあります。意欲のある人はそのような会に入って、他の自治体の有志とも意見交換や勉強をしてください。その成果を職員研修所で講義したり、学会の機関誌に投稿したりしましょう。

職場で批判ばかりしていても、飲み屋で愚痴を言っていても、進歩はありません。あなたの考えを提案しましょう。新しい取り組みをどんどん提案して、試してください。その成果や問題点を世に問う。それが、自治体と職員に期待されているのです。

自治体では、職員研修の機関誌も発行されています。これまでは、大学教授や研究者の寄稿が多かったようです。しかしこれからは、職員による研究や成果を載せてもらわなければなりません。全国の自治体や中央省庁への発信にもなります。

富山県庁に勤めているときに、政策情報誌「Deru kui（デルクイ）」を作りました。職員が自分の仕事の紹介や提言を載せ、政策紹介と政策論議の場にしようという狙いです。職員がやり遂げた仕事の苦労や苦心した点を書いて残せば、自治体にとっても職員にとっても財産として残ると考えたのです。このような媒体が増えることを期待しています。

専門家と話そう

政策論議をするには、目の前の現場を知るだけではなく、全国のあるいは世界の状況も広く知っておく必要があります。今どのような対策が打たれているのか、その成果はどう評価されているのか、それを知っている必要があります。

知識を得る目的は、その分野について詳しくなることですが、研究の最先端で何が分かっていないかを知ることでもあります。実は、これが重要なのです。専門家とは「何が分かっていて、何が分からないかが分かる人」という定義があります。「何が分かっていないか。その分野の到達点はどこか」が分かれば、それと比較して、自分の知識や自分たちの取り組みが十分かどうかが明白になります。

そのためには、どうすればよいか。

一人の人間が身につけることができる知識には、限りがあります。それを補うのが、それぞれの分野について「詳しい人を知っている」ことです。本や専門誌で一通りの知識を得た上で、これが正しいのか、さらに良い情報があるのか。その道の専門家に聞いてみればよいのです。

「そんなに簡単に教えてくれるのか」と、心配になるかもしれません。でも、あなたには現場の知識があります。それを基に専門家に聞くのですから、相手にとっても得るところがあります。現場を知っているということに、自信を持ってください。

さらに、直接それらの人を知らなくても、誰に聞けばよいかを「知っている人を知っている」ことも力です。学会に入ることや、研究者や他の自治体職員と知り合いになることは、その政策共同体に入り、「知っている人」を増やす近道なのです。

このように、専門知識（ノウ・ハウ、know how）に加えて、専門家（ノウ・フー、know who）を知っていることが重要です。アルファベットの1文字を並べ替えただけですが、情報を得る際の要点を表しています。ビジネス英語には、次のような慣用表現もあります。
It's not what you know, it's who you know.
（何を知っているかではない、誰を知っているかだ）

異業種交流の勧め

職場でその分野の第一人者になるためにも、視野を広げるためにも、外の世界の人との交流は不可欠です。組織の外に出て人と会って、見聞を広めましょう。相手は地域の民間人であり、他の自治体職員であり、研究者や企業の人です。

職場の中で知っている人とだけ、付き合う職員がいます。一日中、机に向かって、外に出掛けない職員がいます。そうせざるを得ない職務もあるでしょう。しかしそのような職場ではないのに、動かない職員がいます。いわゆる「不動明王」や「鎌倉の大仏さん」です。自分が慣れ親しんだ組織で、気心の知れた人とだけ付き合っている方が、気が楽です。「役所を出て、違った世界の人と会うことは、おっくうなので」

ではいけません。

同じ職場の人たちと話しても、知見は広がりません。「異業種」の人と話すことが、勉強になるのです。この人たちには、職場の同僚や同業者に話すのと違って、話が通じないことがあります。使う単語や発想法が違ったりして、私たちの常識が世間の常識ではないことに気づきます。彼らの意見や批判を聞いていると、気をつけないといけない点が分かるのです。

さらに、本を読んだり知らない人に話を聞いたりすることは、知識を増やすとともに、自分の置かれた位置や考えを相対化することにつながります。職場に閉じこもり、自分の経験だけで考えていると、見える範囲だけが全世界になり、自分の考えだけが正しいと思い込んでしまいます。井の中の蛙であり、鎖国状態の江戸時代日本です。外の目、他人の目から見たあなたの世界を知ることで、あなたの考えが狭いことや、あなたとあなたの属する組織がどの位置にいるかを知ることができるのです。

物事についての知識とともに、人を知っている顔の広さ、そして相手の懐に飛び込み情報を得る力があれば、鬼に金棒です。あなたのフットワークが良ければ、それは大きな長所です。フットワークが悪いのなら、だんだんと良くしましょう。

会うことの重要性

インターネットが発達し、瞬時に世界中から情報を得て、人と連絡を取ることができるようになりました。それでも、人と会うことの重要性は減っていません。

最先端情報を入手するには、同じ分野の研究者と会うことが不可欠です。最先端の情報はたいてい公開されていて、インターネットで手に入ります。しかし、まだ公開されていない情報、それは「ものになる」かどうか分からない情報ですが、それらはインフォーマルな情報交換でしか手に入りません。先端情報の微妙なものは、さまざまな機会での研究者同士の接触を通じて交換されるので、これを得るためにはいろいろな場面を活用して会うことが不可欠なのです。なぜ米国のシリコンバレーに、研究者や研究機関が集まるのか。その理由はこれです。

知り合いの教授には、学会の昼の発表には顔を出さず、夜の懇親会（立食パーティー）にだけ顔を出す人がいます。「発表の内容は、プログラムを見れば分かります。さらに知りたかったら、その研究者に連絡を取ればよいのです。しかし、まだ表に出ていない研究の動向を知るには、目星を付けた研究者に会って話を聞くことが一番。それ以外に方法はありません」とのことです。

人を知るには会うことが不可欠であり、顔を合わせることでいろいろな情報を取ることができます。人物評価が必要な場合も、会ってみないと分かりません。電子メールのやりとりだけでなく、一度会っておくことが重要なのです。

第9講の教訓

□ 専門分野を持って、勉強を続けましょう。

□ 課題は地域で発生しています。勉強のテーマは、あなたの目の前にあります。

□ 見聞を広げるために、職場の外の人と会いましょう。異業種交流は勉強になります。

□ 人を知るためには、会うことが重要です。フットワークの良さは、長所です。

第4章

伝える技術

第10講

話す技術

あなたの仕事の質を上げる二つ目の能力は、伝える技術です。いくら良い案を考えても、相手にうまく伝わらないと意味がありません。

伝える技術には、話すことと、書くことがあります。話すことと書くことは、子どものときからやっていることなので、誰でもできると思っているでしょう。しかし、雑談のおしゃべりと、仕事での話し方は違います。書くことについて、多くの公務員は、はっきり言って下手です。そのような訓練を、受けていないからです。

『明るい公務員講座』で、書類作成法をお教えしました。第4章では、話す技術と書く技術を、さらに深くお教えします。そして、伝えることの目的である、相手を動かす術についてもお話ししましょう。

話してみよう書いてみよう

職場での技能を高める方法、それはなんと言っても、やってみることです。いくら本を読んでも、教室で教えてもらっても、水泳は上手になりません。プールに入って足と手を動かしてみないと、上達しません。伝える技術も同じです。まずは、プールに入ってみましょう。あなたが「文章を書くのが苦手だ」「人前で話すと上がってしまう」といった欠点を自覚しているのなら、それに関する本を読んで勉強しましょう。しかし、実践に勝る上達法はありません。やってみて、周囲の人に見てもらい、足りないところを補いましょう。

住民への説明や会議での発言を、「謙虚に遠慮させていただく」のではなく、積極的に引き受けるのです。議会答弁案や住民への広報資料を作ることを、買って出ましょう。英会話や書道と同じで、回数をこなすことで上達します。そして、回数を重ねることで自信が付き、苦にならなくなります。

まだ、ビジネススキルの本も参考になります。あなたがスポーツや楽器をたしなんでいるなら、上達しようと練習し、指導書を読むでしょう。趣味には時間とお金をかけるのですから、本業である仕事の能力向上にも、時間とお金を使いましょう。

話すことは難しい

まずは、話すことについてです。話すことは、子どものときからやっていますから、特段習わなくてもできます。ここに、落とし穴があります。話すのと、考えをうまく伝えるのは別のことです。あなたが話すことと、相手に伝わるかは別なのです。

親と話していて、「そんなことを言ってるんじゃない。私のことを分かってくれていない」と、文句を言った経験があるでしょう。夫と話していて、「私の話をちっとも聞いていないじゃないの」と言ったことはありませんか。気心の知れた家族ですらこうですから、職場の同僚や住民と話す際には、もっと伝わらないものです。

喫茶店で男女が、メニューを見ながら話しています。「何にする？」「いつもの」で伝わるでしょう。主語も目的語もなく、述語もあいまいでも通じます。しかし、仕事での相手には、「あなたは、このメニューに載っている飲み物のうち、どれを飲みますか」と、文法として正確な会話が必要なのです。

おしゃべり、対話、討論

話す作法を、三つの場面に分けてみましょう。「おしゃべり」と「対話」と「討論」です。家族や友人とのおしゃべりは、相手の意向の確認であったり、親密さの確認です。これに対して、対話は、情報の交換や意見のすり合わせなど、論理的な作業です。討論になると、意見の異なる者の間での、言葉による戦いです。

極論すれば、おしゃべりには、主語や目的語を明確に示すことは、必要ありません。目で「これ」と合図するなり、察してもらえばよいのです。職場で毎朝交わす「夕べのあのチームの試合は……」といったおしゃべりは親しさの確認ですから、あいまいでよいのです。

これに対し、仕事での対話は、誰が何をどのように考えているかを、はっきりと伝えなければなりません。上司から指示が出て、部下から意見を言います。その際に、主語や述語を省略して、「察してください」では困ります。

職場で親しくしゃべっている同僚や上司とは、ついついその延長で話してしまいます。しかし、「課長、あの件があのようになっているので……」と話し掛けても、課長は「あれって、何のことや?」と困ってしまいます。課長も部下に向かって、「あの件をいつものようにお願いね」では、部下も何をしてよいのか分かりません。場合によっては、違った意味で早合点してしまいます。

職場での対話は、これまでと違う課題が生じているから、また関係者の間で意見がそろっていないから、必要になっているのです。あるいは、意見に相違があるかどうかを確認するために、対話が必要なのです。仕事の場合は、「××の件を、○日までに完成させてください」と目的語も述語もはっきりさせなければなりません。『明るい公務員講座』に書いた、私がやってしまった伝言ゲームを思い出してください。

幾つか案がある場合は、「私の意向を察してよ」ではなく、「三つある案のうち、私は第2案に賛成です。なぜなら……」と、意見とその理由を述べる必要があります。

同じ相手であっても、おしゃべりと仕事の話では、切り替える必要があるのです。

職場での会話は、討論でもありません。相手を議論で打ち負かし、従わせることは良くありません。「見ろ、俺の言っていることが正しいと分かっただろう」と論破しても、相手が納得していなかったら仕事は進みません。相手に気持ちよく理解してもらい、それに沿って動いてもらわなければなりません。もちろん、初めから話し合うことを拒否して、「私の言っていることが正しいから、その通りに従え」という決め付けは論外です。

何を伝えたいのか

では、どのように話せばよいのでしょうか。一言でいえば、簡潔に結論を述べるということです。これは、説明資料の作り方と同じです。

課長の前で、あなたは、何について話さなければならないのでしょうか。そして、その目的は何でしょうか。事実の報告でしょうか、考えた案の説明と説得でしょうか、考えている案に助言をもらいたいのでしょうか。主題（何についてか）と、目的（報告なのか相談なのか）を最初に話しましょう。

そのために、何を伝えたいのかを頭の中で整理してから、話し掛けましょう。場合によっては、それを紙に書き出してから話をしましょう。頭の中に思い浮かぶことを、小説のように長々と語るのはやめてください。

何を伝えたいのかを整理することは、結構難しいことです。私もいまだに上手にできません。あいさつから入ると話題が別の方向に発展したりして、肝心の主題を忘れてしまうのです。大臣室から出てきてから、「しまった、あれを言うのを忘れていた」と気づいて、もう一度戻ることがあります。これを防止する方法は、項目を紙に書いて、大臣の前に広げることです。「報告が三つあります」というようにです。

事前に、発言を準備できない場合もあります。住民と話し合っているときに、想定していない話題になって意見を求められた場合や、会議で発言を求められた場合などです。この場合は即座に、何を話すかを考えなければなりません。しかしその場合も、最低限何を伝えたいかを考え、場合によっては紙にメモをして発言しましょう。そうすることで、話す内容を整理することができます。

冷静に熱意を伝える

正確に簡潔に伝えるためには、唾を飛ばすのではなく紙に書くと教えています。しかし話すことで、紙では伝えられないことを伝えることができます。紙や電子メールで伝えるのと、会ってじかに話をする場合の違いは、熱意が伝わることです。それはしゃべり方であり、表情であり、身振りです。

冷静なのは良いことです。しかし、時と場合によっては、熱意を表情で見せる必要があります。良い意味で「お、この職員は力がこもっているな」と、相手に思わせる話し方です。逆に、説明してくれる際に、下を向いて書類を見たままの職員がいます。私の方に視線を向けずに話し続けると、心配になります。緊張しているのか、私に顔を見せたくないのか。いずれにしても、良い説明にはなっていません。

時には、熱意を込めて自分の考えを主張したい場合や、相手の間違った意見を否定しなければならない場合もあります。このような場合は、自然と力が入ってしまいます。ところが、本人が熱くなるほど、話は不明瞭になって、相手に伝わらないのです。緊張するとアドレナリンが分泌され血圧が上がりますが、その数値と相手に伝わる率は反比例するようです。極端な例は、腹が立って争いになった場合や、緊張し過ぎて声が震えるような場合です。どちらも冷静さを欠いて、自分でも何をしゃべっているか分からなくなります。

これを防ぐ方法は、二つあります。一つは、ゆっくりと話すことです。熱くなると、早口になります。早口になると、頭に浮かんだことが整理されないまま言葉になります。これでは、聞いている方も分かりにくいです。もう一つは、話したいことをメモにして、主語と述語と目的語を考えて話すことです。そうすれば、自分が何を言いたいのか整理でき、また文章として相手にも通じるようになります。

もっとも、「熱くなっている」とは、まさにこの二つができない状態なので、早く「自分が熱くなっている」ことに気づいて、「ゆっくり」「考えて」話すことを思い出してください。

「雄弁は銀、沈黙は金」ではない

いつ、どのように、発言すればよいのか。会議でも、よく話す人と無口な人がいます。正しいのは、必要なときに必要なことを発言することです。しかし、それが難しいのです。

次々と考えが浮かんできて、それをそのまま発言する性格の人は、一呼吸置いてみてください。そして、これを言ったらどのような反応があるかを、考えてから発言しましょう。考え過ぎて、発言しようとするときには話題が次に移っていて、発言し損なうことが多い人は、もう少し早く手を挙げましょう。

会議の場では黙っていて、後で「実は私はこう考えていたのよ」と言ったり、結果がうまくいかなくなった頃に「やはりこうなった。俺の思っていた通りだ」なんて、雄弁な評論家になる人もいますよね。そのような人になってはいけません。

「雄弁は銀、沈黙は金」という格言があります。しかし、これはずっと沈黙していることを勧めたものではありません。よどみなく話すことは大事ですが、黙っているべきときは黙っていることが良いということを述べたものです。

人前で話す

大勢の人の前で話すのは、難しいことです。慣れていない人は、緊張します。上がってしまうのです。手の平に「人」の字を書いてそれを飲み込むとか（「人を飲む」です）、聴衆をジャガイモだと思うように「ジャガイモ、ジャガイモ、ジャガイモ」と3回唱えるとか、さまざまなおまじないがあります。

おまじないの効果はさておき、緊張しない、あるいは緊張してもうまくしゃべる方法は、二つあります。一つは、十分な予行演習をすることです。もう一つは、何度も経験して慣れることです。

予行演習は、まずは一人でやってみます。次に、同僚を聴衆に見立ててやってみます。そして、どこを修正すべきか意見をもらいましょう。質疑応答も、予行演習で厳しい質問をもらっておけば、本番でも大丈夫です。それだけ練習しておけば、自信を持ってマイクの前に立つことができます。

初心者が起こしがちな失敗に、時間を超過することがあります。あれも話したい、これも話したいと、内容を詰め込み過ぎるのです。しかし詰め込み過ぎると、聴衆は消化不良を起こしてしまいます。たくさんのことを時間内に話し終えようとして、早口になる人がいます。それでは、余計に聞きにくくなります。参加者に何を理解してほしいのか、何を覚えて帰ってほしいのか、それを絞り込みましょう。できれば、結論を最初に述べるのがよいのです。話しているうちに時間がなくなって、肝心の結論を言えなくなるのは最悪です。

慣れないうちは、配付資料のほかに読み上げ文を作って、それを読むこともお勧めです。ただ、聴衆の反応を見ながら話すことができないので、慣れてきたら配布した資料を見ながら、そこに書かれたことを解説する方がよいでしょう。

結婚式の祝辞も同じです。まずは短く。3分がめどです。すると、内容は三つも入れられません。事前準備として、紙に書いて内容と文章を練ります。この場合も、最後の締めを考えてから、話の組み立てを考えます。野球の投球でいうなら、打者を三振に仕留める、あるいは凡打に打ち取る「決め球」を決めてから、そこに持っていく配球を決めるのです。そして、予行演習を何度かして暗唱します。それでも自信がないなら、箇条書きのメモを持って、マイクの前に立ちましょう。

第10講の教訓

- □ おしゃべりと仕事での話し方は別物です。
- □ 思い付いたままを話してはいけません。何を言いたいのか整理してから発言します。
- □ 熱くなってしゃべってはいけません。早口に気をつけましょう。
- □ 人前で上がらないで話すコツは、十分な予行演習と経験を積むことです。

第11講

書く技術

次は、「書く技術」についてお話しします。

説明資料の作り方については、『明るい公務員講座』で説明しました。その要点は、資料は1枚にまとめることと、結論を先に書くことでした。文章は短く、主語を最初に書くことと、項目は三つまでにすることでした。

これらは、小説や手紙とは違う、私たちが作る事務文書の基本的な性格です。職場の文書は、忙しい相手に、要点を正確に伝えることが重要なのです。そして、文書を1枚にまとめようとすると、言いたいことが整理され、頭の中も整理されます。

書くことは勉強

公務員として生きていくためには、文書作成能力が必要です。

文書を書く技術を向上させる有効な方法も、話すことと同様に、練習を重ねることです。「書類の作り方」といった本を読むとともに、実際に書くことによって上達します。

また、職場の文書には、守るべき基本があります。あなたが、かつては小説や詩が好きな文学青年や文学少女だったとしても、良い書類を書けるとは限りません。上司への説明資料、予算要求資料、議会での市長答弁案、市民への広報資料などなど、それぞれに守るべき決まりと、読んでもらうためのコツがあります。これらは、実際に書いてみて、習得するしかないのです。

まずは定型的な文書について、早くその定型を覚えましょう。これは、前例通りでよいのです。しかし、あなたの技能を高めるのは、そこからです。前例通りでは済まない文書や、難しい文書を書くことが、あなたの技能を高めます。

例えば、市長の議会答弁案です。これを書くことは、面倒だと言って敬遠する人が多いようです。もったいないですね。どんどん引き受けて書く、特に前例のないような答弁案を書くことが、大きな勉強になります。質問にどのように答えるかだけでなく、背景にある事情や考え方、考慮すべき注意点などを、上司や市長に説明しなければなりません。それは、上司や市長と考え方をすり合わせる重要な機会です。チャンスだと思って、挑戦しましょう。

最初から完璧に書ける人はいません。上司から指導を受けて当然です。失敗しても傾向と対策が分かって、次回はうまくできるでしょう。そのような機会を数回重ねると、自信が付きます。これは、運動と同じです。負荷をかけて繰り返すことが、筋肉と技を鍛えます。練習をしないで上達することは、ありません。

相手の立場に立った文書

すでに書いたことと重複するところがありますが、私が文書を書く際に念頭に置いている要点をお教えしましょう。私が書く場合だけでなく、職員が文書の案を持って説明に来た際に、私が確認する点です。

①その書類は「誰が」「誰に」伝える文書なのか。

市長が議会で答弁する原稿なのか、職員が市長に説明する資料なのか、住民に公表する文書なのか。それを、はっきりさせてください。文書でまず重要なことは、いつ、誰が、何のために使う文書であるかです。私は、それを左上に書くようにしています。

そして、市長の発言案なら、市長の立場に立って書かれていなければなりません。例えば、職員の立場では「市長がご決定された××」ですが、市長の立場なら「私が決定した××」となりますよね。そして、話す主体だけでなく、伝える相手が誰か、話す場所がどこかによっても、言い回しは変わってきます。

②「何を」伝えたいのか。

例えば、会議を開くことを私に説明する際に、会議で配る資料を持ってきて、それを説明する職員がいます。しかし、その資料はあくまでも配布する資料であって、会議を開くことについての説明文ではありません。あるいは、記者発表資料を持ってきて、それを説明する職員がいます。それは、何のために記者発表をしたいかを説明する文書ではありません。その前に1枚、「何のために会議を開いて、何を伝える」「記者発表をして、何を公表する」という趣旨を説明する紙が必要なのです。

上司が知りたいのは、会議を開くのなら、この会議で出席者に何を伝えたいのか、あるいは何を決めたいのかです。会議を開く目的を明らかにしてください。記者発表なら住民や関係者に何を伝えたいのかを、はっきりさせてください。あなたは、それを考えて資料を作ったはずです。それを書けばよいのです。

③この文書を読んで、相手に理解してもらえるか。

上司への説明資料や記者発表資料の要点は、まずは1枚にまとめ、結論から書くことでした。例えば、住民意向調査結果がまとまったことを受け、記者発表するとしましょう。多くの職員は、「××に関する住民意向調査結果」を表題にするでしょう。

そして次に、その調査の方法を書くのではないでしょうか。

しかし、上司や記者そして住民は、その調査でどのような特徴があることが分かったかを知りたいのです。「××に関する住民意向調査結果」は文書の属性であって、結果や結論ではありません。例えば「住民の希望の1位は○○」が、結果であり結論です。「××に関する住民意向調査結果」という文言は、左上に付記するか副題でよいのです。調査の方法も、今回発表する重要事項ではありません。それは、資料の最後に付ければよいのです。記者が、その調査結果を記事にする場合を考えてみましょう。多分、次のような書き出しになるでしょう。

「住民の希望の1位は○○。市の××に関する調査によると、住民の希望は○○、次いで△△であることが分かった……」

記者や読者の立場に立ったら、どちらの作り方が、知りたいことを説明しているか、一目で明らかでしょう。

ここで教えたことの基本は、「読む相手の立場に立って文章を書こう」ということです。あなたが作る文書は、作ることで満足するのではなく、相手に伝わってこそ意味があるのです。

図表の使い方

相手に伝えることの例として、説明のために図表を付ける場合があります。数字を比べるには、図表にする方が、文章で説明するより分かりやすいです。ところが、図表を作ることで満足して、説明を忘れている場合があるのです。

すなわち、表やグラフが付けてあるのですが、その表で何を示したいのか趣旨が書かれていないのです。例えば災害からの復興の状況を示すために、発災の前年とその後の各年の数字を並べて比べる場合を考えてみましょう。棒グラフや折れ線グラフを載せて、その上に「××についての復旧状況」と表題だけが付いている資料を見せられます。「グラフを見れば、増減や特徴が分かる」ということでしょうが、これでは発災前に比べてどこまで復旧したかという評価がありません。表題の次、グラフの前に、「××については、発災前の水準に戻った」とか「まだ発災前の半分しか戻っていない」という説明を、1行付けてください。

表を作る際の注意点もあります。例えば、広域災害で避難者数を表にする場合を考えてください。対象となる県が3県あるとします。多くの場合、上から3県それぞれの数字が並び、最後（4段目）に合計が示されます。しかし、私は職員に「合計を上に書いてくれ」と指示します。この場合は、合計にまず意味があって、次にどの県に多いのかが意味を持ちます。合計の数字とその増減を先に見たいのです。

これは、市役所でも同じでしょう。市内の各地区の数字を見たいのか、その合計を見たいのか。まずは、合計を知りたいでしょう。作業の手順からは、各地区の数字を先に並べて、合計数字を最後に書くのは当然です。各地区ごとに数字を記入し、それを足して合計を出しますから。しかし、それは作業の過程をそのまま表にしたのであって、説明資料とは違います。合計数字を初めに記載した資料を作り、その上に1行で特徴を、例えば「全体では横ばい。〇〇地区は大幅に減少」と書くことで、説明資料になります。

メモ取りは難しい

メモを作ることが、資料作成の第一段階です。メモを作る場合には、2種類あります。自分の考えを「メモにする」場合と、相手の話を「メモに取る」場合です。そのうち、相手の話をメモに取るのは、難しいことです。

それは、二つのことを同時にしなければならないからです。目と耳を上司に向けて、話を理解しなければなりません。他方で、目と手をノートに向けて、書く言葉を選びつつ筆記しなければなりません。しかし人間の脳は、同時に二つのことを処理できません。少しの間は上司の話に集中し、次に頭を切り替えて素早くメモを書く、そして再び上司の話に集中するということを、繰り返しています。

ところがともすると、メモを書くことに集中してしまいがちです。それでは、上司と会話しているのではなく、「人間ワープロ」と化しているのです。疑問点があっても、上司に確認することができません。良いメモの取り方は、上司の指示を理解し、分からないときは質問をする。そして、内容を忘れないように、キーワードを書き取ることです。メモ取りは、その場限りの勝負です。他の文書作成のようには、じっくりと推敲できないのです。

ところで、メモを取られる側としても、気になることがあります。私は知事や市長と話をする機会が多いです。その際に、首長に随行する職員が同じテーブルに着いて、一言一句聞き漏らすまいと、ノートを広げてメモを取り始める場合があります。すると、私も身構えて、発言を抑制しようと考えます。本音の議論ができず、「そうですね」としか答えられないのです。重要な話を打ち合わせる場合は、少人数で入ってきてください。そして、意見交換して理解し、必要なら後で要点をメモにしてください。

第11講の教訓

□ 前例にない文書や議会答弁案を書くことで、書く技術を磨きましょう。回数を重ねることで、書くことが苦にならなくなります。

□ 誰が、誰に、何を伝える文書かを考えて書きましょう。

□ 図表は説明の小道具です。その図表から読み取った要点を書きましょう。

□ メモ取りは、相手の話を聞くことが主です。人間ワープロになってはいけません。

第12講

私の作文術

皆さんの中には、趣味で小説などを書いている人や、インターネット上でブログを書いている人もおられるでしょう。自分の考えをどのように文章にまとめるか。それぞれに流儀があるでしょう。頭に浮かんだ考えを口述すれば、そのまま文章になるという達人もおられます。しかし、凡人はそうはいきません。

文章作成を料理に例えると

私の作文術をお教えします。料理に例えて、説明しましょう。

①献立を考える

この文章は、何を主題に書くのか、誰に何を伝えたいのかを考えます。そのために、どのような構成にするのかを考えます。もっとも、極めて粗削りな骨格です。それを書き出します。

②材料をそろえる

次に、思い付いた部分や書きやすい部分から、メモを書き始めます。必ずしも文章にならず、キーワードだけのメモもあります。メモには、題を付けておきます。

他方で、これまでに書いた文章を集めます。ホームページに載せた文章や、自宅のパソコンに保管してあるメモで関係しそうなものを印刷します。新聞の切り抜きや時々に思い付いて書いたメモは半封筒に保管しているので、それを引っ張り出します。

③調理する

そろえた材料を眺めながら、文章の組み立てと目次を考えます。①で考えた骨格に②を入れて、具体的にしていくのです。

②で集めた文章やメモ類をグループにし、目次に沿って並べ替えます。その際に、②で付けてある題は小見出しになります。グループには、中見出しを付けます。それがおのずと目次になります。

メモの文章を、目次の趣旨に合うように加筆します。このときも、書きやすいところから取り掛かり、必ずしも文章の順には書き進めることはしません。考えがまとまらない、あるいはうまく文章にならなくて、立ち往生する箇所が出てきます。そこにかかずらっていると、執筆が進まないのです。難しいところは、後回しにします。

献立を考えた際に想定した材料が、集まらない場合も出てきます。また、論理の展開が悪い場合や文章の据わりが悪い場合もあります。その時は、目次を変更します。この過程で、材料である各文章はあっちへ行ったりこっちへ来たり、目次の間を行き来します。しばらくこれを繰り返します。

④味見をして手を加える

目次がほぼ固まり、文章が一通り集まったところで、眺めてみます。

まず全体を見て、構成が良いかを確認します。すると、おかしなところや穴が見えてきます。重複しているところは削除し、足りない部分について書き足します。

各部分では、論旨が通っているか、文章になっているかを確認し、推敲します。

さらに全体を通して読んでみて、分量のバランスは良いか、読みにくいところはないかを確認します。冗長だったり論旨の展開がすっきりしないところも、思い切って削除します。

集中して書くとともに、離れて眺めることも必要です。時間を置き距離を置くと、違った発想が湧いてくるのです。もう一人の岡本全勝Bになって、考えてみるのです。

⑤試食をしてもらう

こうして原稿が出来上がったら、他人に読んでもらって、意見をもらいます。間違いはないか、文章は読みやすいか、私の言いたいことが通じるかなどを、見てもらいます。これをしないと、独り善がりの文章になってしまいます。

⑥食卓に出す

もらった意見を参考にして本文を修正し、完成させます。それを編集者に送って、記事の形にしてもらいます。その際にも、手が入ります。こうしてできたのが、今読んでもらっているこの文章です。

ブロックの積み上げ

私の方法は言ってみれば、ブロックの積み上げと並べ替えです。書きやすい部分（ブロック）から作って、それを並べていくのです。ブロックごとに作るので、小見出しの付いた小さな文章のつながりになっています。他方で、部分部分を積み上げるだけでは、論旨の通った文章にならないので、全体を見渡すことが必要です。ここでも、アリの目とタカの目の両方が必要なのです。それをつなぐのが、目次です。

故川喜田二郎・東京工大名誉教授がつくられた発想法に、「KJ法」というのがあります。思い付いたことや気付いた事実をカードに書き留めて、それをつないでいくのです（『発想法』1967年、中公新書）。私の作文術も、この応用です。

文章を、「はじめに」から順序よく、論旨に沿って書いていくということは、普通の人には簡単にはできません。それ以前に、論旨の展開をまとめることができないのです。文章にしていく過程で、自分の考えを整理できるとともに、論旨の展開が初めてまとまるのです。頭の中にある考えや書き散らかしたメモは、それなりの価値はあるのですが、他人に伝えることができるような形＝論旨の通った考えにはなっていません。原稿や論文にすることで、他人に伝える前に、考えが整理されるのです。

そして、言いたいこと＝結論を冒頭に書くか、末尾でまとめることで、その文章の主旨を再確認します。

手書きの力

文書の中身を磨く方法だけでなく、形についても書いておきましょう。

パソコンが普及して、ほとんどの書類がパソコンで作られるようになりました。字の下手な者にとっては、ありがたいことです。しかし、すべての書類がパソコンで作成されるわけではありません。手書きが必要な場合や、手書きの方がよい場合もあります。

きれいな字をさらさらと書く人を見ると、うらやましいです。恥ずかしながら、私は社会人になってから、通信講座でペン習字を訓練しました。県庁の課長になると、県会議場や会議室で知事にメモを差し入れる場合があります。パソコンを使える場合ではないのです。あまりに下手な字では、知事に読んでもらえないと思い、訓練しました。通信講座では、字体だけでなく、封筒の表書きなども教えてもらえたので、これも有益でした。

私は、上司への重要な報告や相談は、万年筆で手書きにします。下手な字ですが、受け取った相手は、私の意図と熱意を感じてくれると信じています。資料を届けるだけであっても、重要なものは、封筒の宛名書きも手書きします。

皆さんも、大切な礼状は手書きにしているでしょう。私は、電子メール、電話、はがき、手紙を使い分けています。また、礼状はすぐに出すことが重要です。その際に、絵はがきが重宝します。旅先や展覧会で、きれいな絵はがきを買っておきます。裏は絵や写真なので、文字は表の下半分しか書けません。さらに私の字は大きいので、少しの内容しか書けません。それがよいのです。何を書こうかと悩まずに、言いたいことだけをすぐに書けるのです。

例えば、市役所の講演会に行ったり式典に出席したりすると、後日、礼状を頂きます。しかし全文が活字で印刷されていると、どんな丁寧な文章であっても、残念な気持ちになります。差出人である市長は、多分ご覧になっていないのでしょう。何か一言、本人の言葉が入っていると、喜んでもらえたんだなと思えます。署名だけでも直筆だと、心が温まるのですが。私が仕えた麻生太郎元総理大臣は、重要な礼状は、和紙の巻紙に毛筆でしたためられます。これは、まねができません。

封緘と宛名書き

封筒の使い方についても、注意点を書いておきましょう。

書類を送ってもらったときに、セロハンテープで封をしてあることがあります。大判の封筒だと、ガムテープで封をしてあることもあります。段ボール箱じゃあるまいし。開ける際に封筒も汚く破れます。それだけで、差出人の品位を疑ってしまいます。封はのり付けだけで、十分です。部下に「これ出しておいてね」と資料を渡す場合も、確認しないと恥ずかしいことになります。

封の仕方だけでなく、表書きもです。宛先の住所、肩書、氏名が、とんでもない配置で書かれたものも届きます。その表書きと差出人の欄を見て、「これは、あの人が自分で書いたんじゃないいな。でも、こんな表書きになっていることを、知らないんだろうなあ」と推測しています。

私が封筒を出す場合は、自分で表書きをして、のり付けした後、美術館で買った一字印「緘」を押しています。しゃれたデザインで、ちょっとした遊び心です。×や〆を書くよりきれいです。

第12講の教訓

- □ 書くことができるところから書き始めましょう。それをつなぎ合わせ、全体的に見て調整します。
- □ 手書きには、パソコンにない力があります。
- □ 礼状は、すぐに書きましょう。表書きもきれいに。

第13講

人を動かす

職場での「伝える技術」は、あなたの主張を発表して、聞いてもらうためのものではありません。意見や理由を伝えることで、相手を動かすためのものです。上司に理解してもらったり、部下にあなたの指示に従って作業をしてもらったりするためです。人を動かす術が必要になります。

人の話を聞く

話す目的は、相手に理解してもらうことです。話している本人が熱くなっているのに相手に理解してもらえないのは、相手の状況を無視して「暴走」しているからです。それは会話ではなく、「独唱」でしょう。相手の目を見て、理解してもらっているかを確認しながら話しましょう。また、「言いたいことを言って、すっきりした」も、会話ではありません。

伝えるためには、話す技術だけでなく、聞く技術も必要になります。住民であれ部下であれ、相手を説得するには、まず相手の話を聞かなければなりません。そして、話を聞くことは、話すことより難しいのです。

あなたが困ったときに相談に行こうと思う相手は、あなたの話を聞いてくれる人でしょう。困っている場合には、解決策について助言を求めている場合と、話を聞いてほしい場合があります。解決策の助言が欲しい場合は、早く結論をもらえばよいです。しかし、悩みを聞いてほしい場合に、相談を始めるとすぐにそれを遮って、自説を述べ始めるような人には、相談に行こうと思いませんよね。

頭の切れる人は、しばしばすぐに結論を出して、相手の話を聞かずに自説を述べます。そこをぐっと我慢して、相手にしゃべってもらいましょう。相談に来る職員も住民も、まずは話を聞いてほしいのです。上に立つ人ほど、聞き上手でなければなりません。

欠点を知る

他人の欠点には、よく気がつきます。「なぜ、こんな簡単なことができないのか」とか「彼は、いつもここで間違うんだよな」とか。ところが、上司や同僚もあなたの仕事ぶりを見て、同じことを思っているかもしれません。人間、自分の欠点は見えないものです。

子どもの時は、親があなたの欠点を指摘してくれました。小学校では、先生があなたの間違いを指摘してくれました。しかし、社会人になると、面と向かって欠点を指摘する人はいなくなります。自分の欠点を指摘されてうれしい人はいません。あなただって、うれしくないでしょう。すると、同僚の欠点を見つけても、わざわざ注意しようとは思わなくなります。「こんなことを言っても、嫌われるだけだし」と。

職場で、あなたに不足している点を指摘してくれる上司や同僚は、ありがたい存在です。注意してもらったら、素直に耳を傾けましょう。また、にこにこして明るく柔和な雰囲気を出していれば、周りの人も意見を言いやすいです。尊敬している先輩の言うことなら、耳に入りやすいですよね。今度は、あなたが、そうなってください。

人事評価も、有用な機会です。面談で上司に指摘を受けたら、じっくりと説明を聞きましょう。あなたも、反論したいことがあるでしょう。反論してもかまいませんが、まずはなぜそのような指摘を受けたのかを考えてみましょう。自分の欠点を認めることはつらいことですが、そのように見ている人がいる以上、それを修正していかないと、良い職員にはなれません。

異論の同意

議論していて難しいのは、異論があっても、収束させなければならないときです。あなたの意見が通らない場合、どのように終わらせるか。

あなたが納得できれば、問題はありません。自らの意見を言ったのだから、それで満足できる場合もあるでしょう。しかし、どうしても納得がいかない場合もあります。その場合に、熱くなり過ぎないことが必要です。激高して言葉を投げつけたり、すねたりしてみても、結論は変わりません。あなたの評価が低くなるだけです。

あなただけが反対しているのか、多くの人があなたの意見を支持しているのか。それも見極めましょう。どうしても正義にもとると考えた場合は、さらに上位の人に報告するのか、自説を世に問うのか。そのような行動を取るには、それなりの覚悟が必要です。独りで悩まず、誰かに相談しましょう。

あなたが、相手との議論に勝った場合はどうでしょう。それは喜ばしいことですが、その場合も気配りが必要です。負けた相手は、面白くありません。それは、あなたが負けた場合を想像すれば理解できるでしょう。あなたは勝ったことで、「私は優秀だ、あいつは無能だ」というような思いを持ったり、うれしさを表情に出したりしてはいけません。次回の議論では、立場が逆になることもあるのです。

日本社会、そして狭い組織では、なるべく意見の対立を生まないようにする組織文化が強いのです。そこでは、対立する議論を収束させることは難しいです。明らかに一方が間違っている場合は別ですが、優劣付け難い場合には、どちらかが勝ったではなく、足して二で割る結論や、新しい結論が出ると円満に終わります。あるいは、その場はひとまず議長役が引き取って、後で結論を出すという方法もあります。みんながいる前で、相手のメンツをつぶすような決定は、避けた方がよいでしょう。

相手を動かす

伝えることの目的は、あなたの考えを相手に理解してもらい、その方向に動いてもらうことです。相手が同僚や部下の場合とともに、上司や住民である場合もあります。どのようにしたら、理解してもらえるか。

伝える技術はお教えしました。しかし、伝えただけでは、相手は理解してくれるとは限りません。あなたの伝えたい内容が、明晰で理路整然としているとともに、世の中の人が納得できるような内容であることが必要です。

相手の考えとこちらの考えが異なった場合が、重要です。あなたの意見を押しつけても、良い解決にはなりません。あなたの態度が威圧的で、相手が「今回は仕方ない。ここで折れておくか」と収めてくれる場合もあります。しかし、それは相手に借りを作ったのと同じことであり、次回は相手も構えて来るでしょう。また、そのような態度は、あなたの評判を落としてしまいます。

相手の意見が間違っていると思っても、ひとまず相手の言い分を聞きましょう。相手の話を聞いた上で、どのようにすれば相手のメンツをつぶさずに結論を出すことができるか。それを考えましょう。結論だけでなく、過程も、そして相手の満足も重要なのです。

日ごろからの人間関係も重要です。一見の客なら、ごまかしが通用することはあります。しかし、職場での関係は継続します。その際に、あなたが信用されているかどうかです。「あの人の言うことだったら」と信頼関係が築けておれば、話は早いでしょう。意見の相違があっても、おだやかに調整することができます。

あなたが仕事の過程で身につける、伝える技術、調整して収める技術、そして信頼は、あなたの大きな財産になります。

第13講の教訓

- □ 話すことより、人の話を聞くことの方が難しいです。
- □ 自分の欠点は見えないものです。指摘してくれる人がいたら、耳を傾けましょう。
- □ 伝える技術とともに、調整して納得してもらう技術や信頼は、あなたの大きな財産です。

第5章

ワークライフバランス

第14講

二人でつくる家庭

仕事だけが、あなたの人生ではありません。私たちは、ついつい仕事を中心に考えますが、人生の時間から見ると、仕事はその一部でしかありません。

1年365日、8760時間のうち、労働時間は8時間×250日＝2000時間です。4分の1以下です。退職してからも、膨大な時間があります。その時間をどのように使うか。

第5章では、ワークライフバランスについてお話しします。満足できる人生を送るためには、職業人であるとともに、家庭人、地域人、趣味人とのバランスが必要です。

恋愛と家庭は違う

まずは、家庭についてです。結婚や家庭、さらにはどのような人生を送るかについては、一人ひとり考え方が違うでしょう。そのような多様性を前提としつつ、家庭を持った者の経験から、助言を書いてみます。

職場は、勝負の場です。きちんとした身なりをして、上司や部下との人間関係を気にし、言葉使いに気を遣い……と、緊張を強いられます。それに対し家は、窮屈な靴と服を脱ぎ、張っていた気持ちを緩め、ゆっくりできる場です。

職場で「戦う」あなたにとって、家庭はほっとする安らぎの場所です。職場で嫌なことがあっても、家に帰って夫や妻の顔を見たら、忘れてしまいます。かわいいわが子を見ると、元気が出ます。そして英気を養い、明日も職場に出勤します。

幸せな家庭を築き、子育てをする。家庭を持つことは、あなたにとってもう一つの大きな仕事です。しかし、夫婦二人が同じ屋根の下で暮らすだけでは、良い家庭はできません。二人で、それをつくらなければなりません。恋愛小説では、愛があれば二人は結ばれて終わるのですが、結婚してからはそうはいきません。

　生まれも育ちも性格も違う二人が、一緒になるのです。朝食はパンにするのか、ご飯にするのか。お雑煮は夫の実家風か、妻の実家風か。休日は一緒に外出するのか、寝ているのか。二人の習慣や考えは違います。一緒に暮らすと、その違いが見えてきます。あなたは、実家の習慣が身に染み付き、それを当たり前のことと思っています。しかし結婚すると、相手の習慣との違いに気がつきます。

　私も結婚当初、妻のキョーコさんとの習慣の違いに戸惑いました。奈良の田舎育ちの男と、大阪の真ん中で育ったお嬢さんとが、1回お見合いをしただけで一緒になったのです。さまざまな面で、そしてちょっとしたことで違いが露呈します。結婚披露宴で「二人の育ちや性格の違いを乗り越えて、良い家庭をつくってください」と先輩の祝辞を聞きましたが、頭で理解するのと体で体験するのとでは違っていました。

　その違いをすり合わせ、どちらかに決めなければなりません。さらに、お金の使い方や子育ての方針など、もっと難しい「協議事項」もあります。

職場よりも難しい

この毎日の暮らしでの習慣と趣味の違いは、議論をして決を採るようなことではないだけに、事柄を難しくします。

職場では意見が異なると、議論をして決めます。また、上下関係があって、部下は上司に従います。しかし、家庭では夫婦は対等です。職場の構成原理が「規則と議論」であるのに対し、家庭の構成原理は「愛情と信頼」です。議論して決めるのではなく、お互いが相手の気持ちを察して行動しなければなりません。「一緒に暮らしていたら、分かるでしょ」「それくらい言わなくても、分かってくれよ」の世界です。

しかし、相手の気持ちとのずれに、気づかないことがあります。さりとて、いちいち議論することも気まずいです。結局、どちらかが、あるいは双方が辛抱します。そんなことがだんだんたまって、辛抱し切れない臨界点に達すると、怒りが爆発します。「いつもいつもあなたは」と。言われた相手は、突然の怒りにびっくりします。「なんで?」と聞くと、「まったく分かっていないんだから」とさらに叱られます。それは、そうなるまでの途中過程に、話し合いがないからでしょう。愛情でつながった関係は、かえって厄介なこともあります。

愛は冷める

結婚したとき、あれだけ燃えた二人の愛。しかし、放っておくと冷めます。

興味深い数字を紹介します。「女性の愛情曲線」です。なんと、これはお役所の発表資料にあります。内閣人事局が発行している「イクメンパスポート」に載っています（平成29年度版では25ページ。内閣人事局のホームページ）。男性にとっては、衝撃的なグラフです。結婚直後は夫への愛情が1位ですが、子どもができると子どもへの愛情が急上昇し、夫への愛情は急降下します。しかも、夫への最高値が50％程度なのに、子どもへは80％です。子どもへの愛情が80％に達した頃、夫への愛情は10％程度でしかありません。その後も、逆転することはありません。

かつて、夫婦を対象に、「1週間で最も心地よい時間」を尋ねた調査がありました。

夫の最上位が「土曜日の午後9時」なのに対し、妻の最上位は「月曜日の午前10時」でした。妻が働いているかによって違うと思いますが、当時の平均では、夫にとってはゆっくりした夜、そして明日も休日という土曜日の夜が最も心地よいのです。しかし妻は夫が出掛けた後、月曜日の朝が最もゆっくりできるのです。「亭主元気で留守がいい」という、有名な台詞もあります。

もっと厳しい数字を示しましょう。２０１6年の1年間に結婚したのは、約62万組です。他方、離婚が約22万組もあります。永遠の愛を誓ったはずなのに、これだけの夫婦が離婚しています。さらにこの数字の後ろには、家庭内別居や仮面夫婦もあるのでしょう。愛情は、冷めるのです。

「わが家はそんなことはない」と自信を持っているあなたへ。この文章を妻や夫に読んでもらってください。その際にどのような反応があるか……。「うちは違うわ」と言ってもらえたら、安心しましょう。「そうよね」と言われたら、事実に気づきましょう。でも、悲観することはありません。愛情は、回復させることができるのです。

この続きを読んでください。

毎日の手入れが必要

努力すれば、愛情は続きます。ただし、生き物と同じように、毎日の手入れが必要なのです。水やりを怠ると、植木は枯れてしまいます。それと同じです。多くの場合、私たち夫の方に努力が足りないようです。家事や子育てに協力しない、妻の考えを理解しない、いたわらないことが、いけないようです。

先に紹介した「イクメンパスポート」には、次のような数字も載っています。出産直後に10％まで下がった夫への愛情は、その後、二つのグループに分かれます。そのまま下がり続けるグループと、徐々に回復し子どもが中学校に入学する頃には40％にまで上がるグループがあるのです。その主な違いは、子どもの乳幼児期に、夫が育児に参加したかどうかです。熟年離婚に関する調査でも、離婚の理由の1位は、一番大変だった育児期に夫が何も手伝ってくれなかったことです。

家事を分担している夫なら、問題ありません。そうでない人は、ごみ出しやトイレの掃除など、簡単なことから分担しましょう。これまで何も協力していない人の方が、ちょっとしたことで喜んでもらえます。そして妻に褒めてもらうと、また次のことを手伝おうという気になります。あなたが妻の場合は、夫を褒めてください。たいがいの男は単純なので、彼も動きますよ。

離婚事由に、しばしば性格の不一致が挙げられます。しかしこれは、本当の理由ではありません。もともと性格が違う二人が結婚したのですから。愛情は、手入れをすることで続くのです。

ありがとうと言おう

私は結婚してからも、仕事中心を貫いてしまいました。子育てについても、まったく失格でした。仕事が忙しいというのが理由ですが、仕事がなくても毎晩飲んで遅く帰りました。言い訳にはなりませんが、かつての日本社会では、男は家庭を顧みずに仕事に打ち込むことが美徳だったのです。

ある段階から、これではまずいと気がつきました。キョーコさんの献身と辛抱に頼っていてはいけないと、分かったのです。そのきっかけになったのは、39歳のときに富山県庁に単身赴任したことです。一人暮らしをすることで、家族のありがたみが分かりました。洗面所を汚したら、きれいにするのは私です（『明るい公務員講座』）。

職場で、部下に厳しく指示を出すだけではいけないことに気が付いたのと同じように、家庭でも、妻に感謝する必要があることに気付いたのです。多分、人に対して「ありがとう」と言えるようになった頃だと思います。自分の考えだけを押し付けない、相手の言い分を聞く、こちらから「どうなの？」と聞いてみる。その重要性に、気が付いたのです。

とはいえ、「愛しているよ」と言うのは恥ずかしいし、キョーコさんが気に入るようなプレゼントを買うだけの小遣いもないので、もっぱら「ありがとう」で済ませています。食事では「おいしい」「今日の料理はレストランより豪華や」と言い、何でもおいしく食べます。「健康で仕事できるのは、キョーコさんのおかげです」と繰り返します。キョーコさんは、「そうでしょ」と満足してくれます。時々、買ってきた総菜を褒めて、お叱りを受けることもあります。何も考えずに繰り返し発言することが、身についているからでしょう。

家庭でも、「ありがとう」の一言は、簡単でかつ効果のある方法です。この文章を読んで思い当たる人は、今日から実行しましょう。もちろん、夫も妻もです。もし、「どうしたの急に…。怪しいわね」と質問されたら、「こんなことを読んだんだ」とこの文章を見せてください。

子育てと介護

子育ては重労働です。わが家の娘夫婦は共働きなので、時々、孫娘を預かります。少し相手をするだけで、ヘトヘトになります。

共働きが増えました。他方で3世代同居は減っています。どちらかの両親に助けてもらえるならともかく、夫婦の協力がなければ子育てはできません。

「イクメン」という言葉が、はやっています。「育児をする男性（メン）」を略した言葉です。それも、単に子育て中の男性を指すのではなく、育児休暇を取るなどこれまでの男性にはなかった、育児に積極的な男性を言うようです。しかしこれは、彼の努力だけで、できるものではありません。男性職員が子育てに参加できるようにするには、残業が少なく定時に帰ることができる職場、育休を取りやすい職場にすることが必要です。これは、女性職員が子育てをする際にも必要なことです。

また、老親の介護も、大変な労働です。介護の経験のある方や、介護の必要な高齢者が身近にいる人はお分かりでしょう。そして介護は、子育てよりも苦しいものがあります。親は子どもより重く、運ぶ際にも重労働です。わが子が日に日に育っていくことはうれしいですが、あの元気だった父や母がだんだんと衰えていくのを見ると悲しくなります。双方の両親を、どのように介護するのか。あなたたちも悩むことになります。これは、家族のもう一つの大きな仕事です。

家庭もあなたを育てる場

家庭は、職場と共に、あなたの思い通りにならないもう一つの場所です。

夫婦げんか、親子げんか。これらは、連れ合いも子どもも、あなたの思うようにはならないことを表しています。職場で、部下が思うように仕事をしてくれない、上司が思うように動いてくれない。それ以上に、夫や妻はあなたの思いを理解してくれず、子どもはあなたの希望通りには育ちません。

職場なら1日に8時間辛抱すればよいのですが、家庭ではずっと長い時間を過ごします。そして、職場では人事異動があって、多くの場合は2年か3年ほど辛抱すれば、上司か部下かどちらかが入れ替わります。しかし、家庭はそうはいきません。家庭は、職場以上に顔を突き合わせる密室であり、逃げられない籠です。

「子育ては自分育て」とも言います。夫婦生活と子育ては、職場以上に難しい「人生修養の場」でもあるのです。職場で良い管理職を目指すなら、結婚して子育てをする経験が、とても役に立ちます。妻への気配り、子どもを褒めて叱って育てる経験、さらには、感情的にならないこと。これに比べれば、職場の人間関係は楽なものです。

夫婦でつくる人生

職場でイライラしている人や、仕事に身が入らない人は、その原因の多くは職場にあるのではなく、私生活にあります。病気やケガ、夫婦の間の気持ちのすれ違い、思うようにならない子どもなど。悩みやイライラの素は、たくさんあります。それらを辛抱し、意見をすり合わせ、二人で解決していかなければなりません。忍耐といたわり合いが重要です。

うれしいことは二人で分かち合って倍にし、苦しいことは二人で分かち合って半分にする術が必要です。平凡な毎日、平穏な日々が、実は幸せなことなのです。しかし病気にならないと健康のありがたさに気付かないように、普段はそれに気が付きません。誕生日や結婚記念日といった節目や、家族そろっての外出や旅行などは、喜びを確認できるよい機会です。

家庭は二人でつくるものであり、人生も二人でつくるものです。妻や夫をいたわり、「ありがとう」と言い続けましょう。

第14講の教訓

- □ 夫婦は、性格も考え方も異なります。二人で努力しないと、良い家庭はできません。愛情は、手入れをしないと冷めます。
- □ 辛抱するだけでは、いつか爆発します。妻や夫に「ありがとう」と言うことが最初の一歩です。
- □ 家庭をつくることと子育てが、あなたを育てます。

第15講

2枚目の名刺

職業人としてばりばりと仕事をし、家では良い家庭をつくる。しかし、充実した人生を送るためには、それだけでは不十分です。趣味など、あなた自身の時間も持ちたいでしょう。地域社会での役割も、期待されています。

仕事でどうしても、残業をしなければならないときもあります。若いときや仕事に脂が乗っているときは、仕事に没頭することもあるでしょう。それは悪いことではありません。しかし、長時間勤務が常態になったり、家族や私生活を犠牲にしてまで仕事をすることは変です。

仕事を取ったら何も残らない。趣味もない、地域社会での付き合いもない。そんな人では、良い公務員、特に幹部職員にはなれないでしょう。社会の問題や住民の悩みに鈍感になってしまい、適切な判断ができない恐れがあるのです。また、部下の事情を理解できない上司になる恐れもあります。周りの人も、そのような仕事人間を尊敬しません。

新説アリとキリギリス

イソップ寓話の「アリとキリギリス」の話は、皆さんもご存じですよね。夏の間、アリは一生懸命に働いて冬に備えます。一方、キリギリスは、楽しく歌を歌って過ごし、働いているアリを笑います。しかし、冬になると食べる物がなくなって、キリギリスはアリに物乞いに行くというあらすじです。働き者が報われるという人生訓と言えばよいでしょうか。

これをもじって、「新説アリとキリギリス」という話があります。アリが一生懸命に働き、キリギリスは歌って楽しく過ごすところまでは同じです。違うのは、それから先です。アリは働き過ぎて、過労死してしまいます。他方、キリギリスはゆとりを持って生きるのです。何とも切ない話です。

日本人はこれまで、豊かになろうと一生懸命に働きました。民間企業の職員も、自営業の人も、そして公務員もです。そのおかげで、社会も個人も豊かになりました。この勤勉さがなければ、日本の発展と繁栄はなかったでしょう。特にサラリーマンは、働き蜂とか企業戦士と呼ばれ、家庭を犠牲にしてまで働きました。

ところが、欧米の人たちは、夏に1カ月もの休暇を楽しんでいます。日本では、有給休暇を取るのさえ、「すみません、休ませてください」とお願いするのです。権利を行使するだけなのに。かつてなら、「だから欧米は衰退し、日本は発展するのだ」と言って満足していました。しかし、日本の経済成長が止まると、長時間働いても成果が出ていない効率の悪さが目立つようになりました。日本のホワイトカラーの生産性は低いのです。長時間働いている割には、成果が出ない。何かおかしいですね。

服装が表すあなたの生活

あなたは、何種類の服を持っていますか。それで、あなたの生活が分かります。

日本のエリート会社員や公務員には、毎日をスーツとパジャマだけで過ごしているという人が案外多くいます。紺のスーツに白のワイシャツは仕事服です。毎晩遅くまで働くので、家に帰るとパジャマに着替えて寝るだけです。生活の場は二つだけです。「スポーツウエアも持っているよ」という人もいるでしょうが、職場の人や取引先と行く際のゴルフウエアだと、形を変えた仕事着ですね。トレーニングウエアも持っているでしょうが、それは家でごろんとするときの服装で、パジャマの延長ですよね。

これに対し、商店街の親父さんや地方に住んでいる人は、多彩な服を持っています。まず、仕事着はスーツに限りません。仕事が終わると夕食までの間に、庭や畑の手入れに行きます。その際は、汚れてもよい服装に着替えます。月に何度かは町内会の寄り合いがあり、それなりの服装をします。晩酌をするときは、くつろいだ服装になります。春と秋には、祭りの当番が回ってきます。紋付き袴です。葬式や法事もあります。年に何度かは、子どもの授業参観に行かなければなりません。ＰＴＡの役員も回ってきます。休日には、少年野球の指導に行きます。それぞれの場に、ふさわしい服装に着替えます。なんと多くの服装が、必要なのでしょうか。

配った名刺の枚数やもらった名刺の枚数を自慢する人がいますが、それは仕事の世界でしかないことがほとんどでしょう。それでは、付き合いの広さを表してはいません。仕事を離れて、友人や知人と言えるつながりを、どれだけ持っているかです。社交＝社会での交わりの関係が必要なのです。仕事以外で人と付き合う場で着る服装、スーツとスポーツウエアとの間に位置する服装が、社会での役割の多様性を表しています。

地域での役割

仕事以外でのつながりといえば、まずは地域での役割です。町内会などの地域活動です。ママさんバレーに参加している人や、少年野球の指導員をしている人もいるでしょう。町内会の役員も回ってきますよね。

東日本大震災の際の避難所での助け合いや、新しい町づくりを話し合うときに、地域のつながりは大きな力でした。普段の近所付き合いや町内会の結束が、力を発揮しました。そのような災害時だけでなく、地域のつながりは地域の財産です。

残念ながら都会では、そしてアパートやマンションといった集合住宅では、ご近所のつながりは希薄になっています。もう一つ気になるのが、中年男性です。仮設住宅で避難者が孤立しないように見回りをしたり、いろんな行事を企画して集まってもらいました。そのような機会に、参加せずに引きこもっているのは、圧倒的に中年男性が多いのです。どうも、仕事以外の付き合いが下手なようです。

私は、今の家に引っ越して10年余りになります。ご近所の方とあいさつしたり話したりすることを重ねて、住民であることを認知してもらいました。これが、若いときのように、深夜に帰ってきて休日も出勤するような生活だったら、町内の一員であると認めてもらえなかったでしょうね。まだ、ごみ出し場の分別かごを広げるくらいしか役に立っていませんが。年を取って自宅にいる時間が長くなると、もっと付き合いができると思っています。あなたも、ご近所から期待されていますよ。

趣味に目覚めた

次は、趣味と社会参加についてです。

私は39歳になってから、フルートを吹き始めました。大臣秘書官を退任し、時間に余裕ができたので、音楽教室に通って腹式呼吸とドレミを教えてもらいました。その後、富山県庁に異動し、簡単な曲を吹いていました。楽器好きな職員たちが、私のあまりに下手な演奏を聞いて、指導を買って出てくれました。彼ら彼女たちとバンドを組んで、毎週1回終業後に練習をし、年に何回か老人ホームへ慰問に行きました。老人たちには、難しいクラシックの曲は喜んでもらえず、文部省唱歌などが喜んでもらえます。それなら、私でも吹くことができます。難しい個所は、息を吸う＝音を出さないことで、乗り切りました。

「なぜフルートを?」と聞かれたら、「魔が差した」としか答えようがありません。当時は「趣味は仕事」としか言えない状態でしたから、定年後に「趣味である仕事」がなくなったらどうしようかと、することを探していました。高校時代はサッカー少年だったのですが、もう体が動きません。就職してからはカラオケにのめり込んでいましたが、飽きてきました。

音楽は良いなあと、憧れていました。学生時代に見た映画「ロミオとジュリエット」の挿入歌「What is a youth」（またはA time for us）の旋律は、忘れられません。映画「慕情」の主題歌「Love is a many splendored thing」は、イタリアのベネチアのレストランで聞いた演奏が心にしみました。いつか自分でも演奏してみたいと、思っていたのです。さて、どの楽器にするか。いろんな人に相談しました。ピアノは場所を取るし、指が短いので断念。バイオリンなど弦楽器は、音を作らなければならないのでダメ。鍵盤やキーで音が一対一対応でないと、音痴には無理です。たどり着いた結論が、フルートでした。

始めると、周りの人から「40歳からやるの」と笑われました。しかし、「四十の手習い」という言葉もあります。このくらいの年になると、多くの人が何か習い事を始めようという気になるのかもしれません。それでも、60歳まで続けると、20年間になります。小学校でピアノを始めた子どもが、大学卒業まで続けても、6＋3＋3＋4

＝16年です。もちろん、柔軟な子どもの上達と、指も頭も固くなった中年とは違います。でもこちらは、プロを目指しているのではなく、本人が楽しければ良いのです。

さらに欲を出して、茶道と華道にも挑戦しました。日本人なら、お茶とお花くらいはたしなまなければ、と思ったのです。

人生を豊かに

皆さんも子どもの頃は、いろんなことに挑戦したでしょう。野球、サッカー、水泳、テニスなど。ハイキングやキャンプなども、楽しんだのではないでしょうか。習い事も、音楽、書道、絵、英会話と、いろんなことに手を出したでしょう。ところが、就職すると仕事第一になり、それらの趣味から離れます。

思い返すと、私はひどい生活をしていました。就職してからは、仕事第一を続けました。子育てにも参画しませんでした。しかし、だんだん「これはおかしい」と気が付きました。富山県庁に赴任し、いろいろと趣味に目覚めました。そして、仕事以外の世界に手を広げました。

「現代のエリート」を目指していたはずなのに、文化的素養に欠け、文化的生活をしていない。官僚の先輩たちに比べて、恥ずかしくなったのです。江戸時代の武士も、戦前の官僚や実業家も、いえ、少しでも生活にゆとりのある人は、文化や芸術をたしなみました。戦後復興に必死だった時代や高度経済成長期に、会社員や公務員の多くが仕事一筋になって、そのような文化的生活を忘れたのでしょう。

趣味は、生活の幅を広げてくれます。ものの見方、社会の見方も変えます。多くの人が、それぞれの趣味を楽しんでいます。私が、気が付かなかっただけです。どうも、女性の方が上手なようです。お茶やお花だけでなく、音楽会に行っても、圧倒的に女性が多いです。男たちは何をしているのでしょう。パチンコ屋で時間をつぶしているようでは、悲しいです。

若い人たちは、私のように不器用ではないでしょうから、それぞれに趣味や楽しみを持っているでしょう。ぜひ、続けてください。「やりたいんだけど」と、躊躇している方がおられたら、挑戦してみてください。

社会参加

趣味は、幾つかに分類することができます。

一つは、消費型の趣味か、参加型の趣味かです。テレビゲームをしたりビデオを見たりすることは、消費型の趣味です。お金を出せば、買えます。他方、祭りや句会は、参加型の趣味です。お金では、買えません。体と頭を動かす必要があります。

もう一つの分類は、一人でする孤独型の趣味か、たくさんの人でする多人数型の趣味かです。一人でフルートを吹くのは前者、バンドを組むのは後者です。スポーツにあっても、一人でジョギングをする、ジムに通う場合は前者であり、クラブに入ってチームで練習と試合をするのは、後者です。孤独型は気楽ですが、孤立する可能性がありますす。多人数型は面倒なこともありますが、必然的に参加型の趣味になります。練習の後の飲み会の設営をするだけでも、社会参加になります。

孤立しない、孤独にならないためには、参加型の趣味を持つことが有用です。そして、社会活動に参加すると、「誰かの役に立っている」「社会の役に立っている」と感じることができます。

２枚目の名刺

私は仕事人間でしたが、職場以外の仕事にも精を出しました。講義や講演、原稿の執筆です。私設ホームページも、毎日のように更新しています。冗談で、これを「副業」だと言っていました。もちろん、公務員は副業が禁止されているので、業として収入を得るようなことではありません。原稿料をもらうときは、規則に従って報告をしました。それぞれとても安くて、つぎ込む労力を考えたら、やってられません。

「2枚目の名刺」という言葉があります。本業以外の活動の際に使う名刺ですが、この言葉にはもう少し違った意味があります。それは、副業や兼業といった仕事ではなく、趣味や社会活動を指して2枚目の名刺というのです。

近年、ボランティア活動など社会活動が、注目されています。経済社会活動を大きく分類すると、行政分野（法律によって行い、財源は税金）と、市場経済分野（収益を目指す取引）と、非営利民間分野（お金もうけを目指さず、ボランティア的要素が強いもの）の三つに分けることができます。その三つ目が、ここで言う社会活動です。町内会活動や少年野球の指導員など地域活動も、ここに入ります。社会を良くしようと、もうけを考えずに行う活動です。趣味も、グループを作って同好の士と楽しむと、2枚目の名刺になります。

2枚目の名刺は、複線型の人生です。仕事しかない人は、仕事がなくなったらどうするか。その前に、思うように出世しないと分かったら、どうなるか。単線型の人は、非常に「弱い」人生でしょう。単一商品に頼っている企業と、複数の主力商品を持っている企業との違いです。2枚目の名刺を持つことは、あなたの世界を広げ、生きがいを増やします。しかも、社会に貢献することができます。

第二の人生をどう過ごすか

現役であるあなたは、時間が足りないことに悩んでいるでしょう。「もっと時間があれば、いろんなことができるのに」と。ところが退職すると、時間が余って困るときが来ます。

毎日、家事や睡眠に10時間使うとすると、残る時間は14時間。３６５日で、年間５１１０時間もあります。65歳で退職するとして80歳まで15年間では、７万６６５０時間にもなります。そのような計算をしなくても、毎日14時間、どのように過ごすか決まっていない時間があるのです。ちなみに、毎日８時間働いて38年間勤めた総労働時間は、７万６０００時間です。

庭や畑がある人は、その手入れや農作業で忙しいでしょう。でも、そのようなものがないと、時間を持て余しますよ。ゴルフなどの趣味を持っている人もいますが、毎日ゴルフも疲れるでしょう。読みたかった本をゆっくりと読むことができますが、年を取ると目が疲れ、集中力が続かなくなります。

幾つかの趣味や生きがいを持たないと、使い切れない時間が残ります。地域とのつながりを持たないまま中年になった男性、趣味を持たない仕事本位のエリートサラリーマン。こういった人が特に心配です。パチンコとスマホでは、すぐに老け込みますよ。体と頭を使うことが必要です。一人でこもっていずに、社会で活動することが必要です。

あなたは、この時間を使い切る予定を持っていますか。使い切る自信がありますか。仕事以外の時間をどのように使い、充実した人生にするか。それはあなた次第です。

第15講の教訓

□家庭人、地域人、趣味人とのバランスを取りましょう。
□地域活動に参加しましょう。趣味はあなたの人生を豊かにしてくれます。
□第二の人生は長いです。どのように過ごすか考え、今から始めておきましょう。

第16講

人生を企画する

あなたも、子どもの頃、そして就職したときに、将来の夢を持ったことでしょう。その夢を実現する過程が人生です。

もちろん、思ったようにはいきません。意のままにならないのが人生です。その中でどうすれば、満足できる人生にすることができるか。あなたにとって、あなたの人生は「最大の企画」です。

40歳は折り返し

あなたが今40歳前後なら、仕事でも人生でも、ちょうど折り返し点にいます。

大学卒なら22歳から勤めて、高校卒なら18歳から勤めて、60歳までほぼ40年間働きます。すると、40歳ごろが公務員としての中間点です。また、人生を80年と考えると、これも40歳が中間点です。

人生を20年ごとに区切ってみると、20歳までが一人前になる勉強の時期です。就職してから20年間が、仕事を覚え社会人として成長する時期です。40歳から60歳までの20年間が、責任を持って活躍する時期です。そして、60歳で退職して80歳までの20年間が、第二の人生です。

これまでの40年、特に社会人になってからの20年を振り返ってみてください。仕事はどの程度、習熟しましたか。良い伴侶に出会えましたか。家庭は順調ですか。子育てで大変な時期でしょうか。趣味や社会活動にも、精を出していますか。

それは、子どものときに夢見ていたことや、就職したときに考えていた将来像と比べて、どうでしょうか。夢はかないましたか。多くの人は、なかなか思ったようには、なっていないのではないでしょうか。20歳前後の時点では、40歳ごろの自分を予測できないものです。それに必要なだけの知識を持っていないからです。しかし、20年近く勤めていると、仕事も家庭も、そしてあなたの生き方も、ある程度固まって先が見通せるようになっているでしょう。

ここでいったん立ち止まり、これまでの社会人としての20年、人生の40年を振り返ってみましょう。そして、これからのあなたの20年を計画してみましょう。仕事では、これからどのような段階を踏んで、職業人生を進めていくのか。家族は、どのようになるのか。自分の時間は、どのように使うのか。

もしあなたが30歳なら、この区切りを意識して、これからの社会人としての30年と、人生の50年を考えてみてください。

意識しないと、時間はあっという間に過ぎます。子どもの頃、将来ははるか先のことでした。時間はたくさんありました。しかし年を取ると、時間がとても早く過ぎると感じるようになります。私も経験してみて実感できたのですが、これは驚きです。時間が、逃げるように過ぎていきます。

人生を企画する

あなたにとって一番の「企画」は、あなた自身の人生です。それは、次のような意味です。

職場では毎日、仕事の段取りを立てて実行します。家族とは、次の休みに行く旅行の計画を立てます。趣味の世界でも、次の目標を立てて活動するでしょう。その一つひとつの「目標」「計画」「実行」が、企画です。そう考えると、あなたの一生は、あなたが計画し実現に向かって努力する「最大の企画」だと言えるでしょう。

企画とは、目標を立てること、それを実現するための計画を作ること、そして実行すること、この三つを含みます。頭の中で漠然と夢を描いているだけでは、実現しません。その夢を実現するための目標と計画を立て、実行していかなければなりません。

そのような意識をしなくても、時間は流れ、年を取っていきます。職場では、上司に言われたことだけを実行し、私生活では、のんべんだらりと日を送る。まことに結構な人生です。でも、あなたは、そのような人生に満足できますか。自らの人生を満足できるものにするためには、流れに任せるのではなく、人生をつくっていく必要があります。あなたの人生は、一生という超長期かつ一回きりの、そしてあなたの人生に意味をつくるという重い企画です。

あなたは、職業として公務員を選択しました。家庭や趣味なども、置かれた条件とこれまで積み重ねてきた暮らしを基に、これからの目標を立てなければなりません。

あなたが選ぶあなたの人生

江戸時代なら、生まれによって職業が決まりました。選ぶ自由がない代わりに、選ぶ責任もありません。百姓に生まれたら、「武士になりたい」と思ってもかないません。「江戸に出て勉学をしたい」という望みも、なかなか実現しない夢でした。お天道様と世間を恨むしかなかったのです。

しかし現代では、職業も住む所も、あなたが選ぶことができます。どのような人生を送るかは、あなたが選ぶことができるのです。そして、その望みが実現するかしないかは、あなたの努力（といくらかの運）に懸かっています。あなたの望みがかなわないときに、神様や世間のせいにするわけにはいきません。これは、結構つらいことです。

公務員試験に合格し役所に就職した。それだけで満足していませんか。後は年功序列で出世できると考えていませんか。公務員は確かに、身分は保障されています。しかし、仕事に必要な能力を身につけないと、低い評価がされ、給料も上がりません。出世するためには、仕事の知識を増やし、仕事の技能を磨く必要があります。

家庭もそうです。結婚して一緒に暮らしているというだけでは、良い家庭はできません。二人の努力が必要です。また、休日に家で寝転がっているだけでは、趣味は上達せず、友人もできません。いずれも、「公務員や夫婦であること」に安住しているだけでは良い状態になることはできず、「努力すること」が必要なのです。

時間をつくる

人生を企画するに当たって、重要なのは時間の使い方です。あなたの人生にとって重要なもの、それは一に健康、二に家族、三に時間と言ってもよいでしょう。

あなたは仕事に忙しく、子育てにも時間が取られます。他方で、趣味や社会活動の面でも、たくさんやりたいことがあるでしょう。与えられた時間は、みんなに平等です。1日は24時間であり、1年は365日です。この時間をどのように使うか。

あなたも、「1カ月自由な時間があったら、あれをして、これをして……」とか、「時間が取れたら……」と思うことがあるでしょう。でもそんなまとまった時間を取ることは、なかなかできません。すると、毎日少しずつ時間をひねり出すしかありません。1日に1時間ずつ確保すると、1カ月で30時間になります。これは、勤務時間の約4日分になります。これが半年間、そして1年間積み重なると、結構な時間になります。

他方で、ついつい時間を費やしてしまうことがあります。それが役に立つことならよいのですが、時間の浪費だと問題です。一つはギャンブル、例えばパチンコです。

休日だけでなく平日の午前中から、たくさんの人が店に入っています。「この人たちが地域活動に参加してくれたら、もっと地域は良くなるのに」と思うのは、私だけでしょうか。パチンコ屋は、地域おこしのライバルです。

テレビゲームとインターネットも時間泥棒です。立派な身なりの社会人が、駅や電車の中で、スマートフォンや携帯ゲーム機でゲームをしています。周りに人がいることを忘れたかのように、一心不乱に没入しています。ネットゲームへの過度の依存は、中毒症として治療の対象になっています。インターネットやスマートフォンが、仕事を邪魔するものであることは、第2章で述べました。

休日の過ごし方も重要です。遅くまで寝ていて、起きてからもごろごろと過ごすのか。家族と出かけたり、趣味に精を出すのか。休息はもちろん必要ですが。その積み重ねは、大きな違いとなります。その違いをつくるのも、あなたです。

迷い道が人生だ

夢や目標を持って、自分の人生をつくる。しかし、人生は一直線ではありません。時には迷い道に入り、遠回りをして、無駄や失敗を重ねてつくられます。

私は、結構多くの本を読んできました。買ったものの積ん読になっている本は、もっとたくさんあります。読んだものの中には、社会の見方を変えた本、仕事の役に立った本、知識を広げてくれた本があります。他方で、難解過ぎて理解できなかった本、しょうもなかった本、時間の無駄だった本もあります。少し読んだだけで放置してある本は、時間ができたら読もうと思っていますが、多分、読まないままに終わるのでしょうね。今から思うと、なんと、時間とお金を無駄にしたのでしょうか。なんと、回り道をしたのでしょうか。しかし、それが今の私をつくっています。

読書だけでなく、人生もそのようなものなのでしょう。いろんな回り道をして、今の私があります。最初から結末や過程が分かっている人生は効率的ですが、面白くないでしょうね。結末が分かっている人生なら、多分このまま生きようとは思わないでしょう。野球やサッカーの試合を思い浮かべてください。この後、どのような展開になるのか、はらはらドキドキしながら応援するのです。結果を知った後、録画をビデオで見ても興奮しませんよね。推理小説を、結末から読む人はいないでしょう。回り道をして、後から見たら無駄だと思えるような過程を経て、ある目的に達する。人生は、そのようなものです。

人生は、漠然とした頂上を決めつつ、登山道を探しながら山を登っているのでしょう。頂上に立って見下ろしたら、「あっちの道の方が登りやすかった」とか、「あの分かれ道で違う方の道を選んだら、隣の高い山に登ることができたのに」と思うこともあるでしょう。しかし、登ってみないと分からないのです。

一歩を踏み出さないと、あなたの人生を実りあるものにすることはできません。さあ、踏み出しましょう。

第16講の教訓

□ 40歳は人生の折り返し。これからの半生を計画しましょう。

□ 人生は、あなたの最大の企画です。目標を立て、計画を作り、実行しましょう。

□ 家族との時間、趣味の時間をつくりどう過ごすか、それはあなたの行動次第です。

本書のまとめ

1　仕事術と心構えで、できる職員になりましょう。
仕事を改善することと課題を見つけ解決案を考えることで、力量が上がります。
上司の立場に立って考え、それを意識して仕事をしましょう。
職場の三大無駄（会議、資料作り、パソコン）に注意。

2　良い成果を出すためには、考える力と伝える技術が必要です。
判断力を養うために、知識、経験、情報量、相談できる人を増やしましょう。
思い付いたままを話さず、何を言いたいのか整理してから発言します。
前例のない文書を書くことと回数を重ねることで、書く技術が身につきます。

3　家庭人、地域人、趣味人とのバランスを取りましょう。
家庭をつくることと子育てが、あなたを育てます。
地域活動と趣味が、あなたの人生を豊かにしてくれます。
長い第二の人生の過ごし方を考え、今から始めておきましょう。

あとがき

今回も、楽しく読んでもらえたでしょうか。そんなに難しいことは、書いてないですよね。この本を読もうとしたあなたなら、知っていることばかりでしょう。

前著『明るい公務員講座』では、仕事の基本をお伝えしました。本書では、さらに、できる職員、仕事の達人になる方法をお教えしました。上司から見た、できる職員の評価基準をお見せしました。

できる職員とは、仕事に熟達し、難しい事案にも良い判断ができる職員です。そして、周囲から「あの人はできる」と評価される職員です。そのためには、技能と判断力を身につけなければなりません。

それには、学習とともに仕事に対する心構えが必要です。それは、向上心です。取り組んでいる仕事を改善すること、新しい仕事や難しい仕事から逃げないこと、上司の立場から考えてみることです。言われたことをするのか、自ら進んで取り組むかによって、あなたの上達度合いは大きく違ってきます。

本書では、無駄を省く方法もお教えしました。今、「働き方改革」が必要だと言われています。企業でも役所でも、長時間働いている割には、生産性が低いのです。それは、無駄なことに時間と労力を取られているからです。あなたの職場でも、思い当たることがあるでしょう。そこを改善して、「あの人はできる」と言われましょう。

本書は、仕事の達人になるための「教科書」を目指しました。教科書には、必要な知識が盛り込まれ、全体の見取り図が示されています。

もう一度、目次を見てください。第1章と第2章が、仕事の能率を上げる方法です。第3章と第4章が、仕事の質を高める方法です。第5章が、あなたの仕事を支える生活です。

このように項目が整理されていると、できる職員に必要な能力と、それを身につける方法がよく分かるでしょう。そして、あなたが何に悩んでいるのかや、必要な能力がどの部分なのかが分かります。また、部下や後輩に何が欠けているかも。

本書の内容を身につけ、後輩を指導できるようになれば、あなたは自信を持って課長になることができます。良い課長になるコツは、続編でお教えしましょう。

さあ、明るくやって、仕事の達人になりましょう。

平成30年3月

岡本全勝

本書は時事通信社『地方行政』の連載を元に加筆修正の上、再構成してまとめたものです。

【著者紹介】

岡本 全勝（おかもと・まさかつ）

1955年、奈良県生まれ。東京大学法学部卒。自治省入省。富山県総務部長、総務省交付税課長、内閣総理大臣秘書官、自治大学校長、東京大学大学院客員教授、復興庁事務次官などを経て、2016年から内閣官房参与。

主な著作に『東日本大震災 復興が日本を変える—行政・企業・NPOの未来のかたち』（2016年、ぎょうせい）、『明るい公務員講座』（2017年、時事通信社）、『明るい公務員講座 管理職のオキテ』（2019年、時事通信社）など。

日々の活動をウェブサイト「岡本全勝のページ」（http://zenshow.net/）に掲載中。

明《あか》るい公務員《こうむいん》講座《こうざ》 仕事《しごと》の達人《たつじん》編《へん》

2018年4月24日　初版発行
2019年5月18日　第2刷発行

著　者：岡本全勝
発行者：松永 努
発行所：株式会社時事通信出版局
発　売：株式会社時事通信社
〒104-8178　東京都中央区銀座5-15-8
電話03（5565）2155　http://book.jiji.com

装丁　高橋洋一
本文DTP　一企画
編集担当　坂本建一郎
印刷／製本　太平印刷社

ISBN978-4-7887-1549-3 C0031 Printed in Japan